全国中小学有效教学指导丛书

丛书主编：赵亚夫

小学课堂有效教学

刘 慧 / 主 编　唐 斌 夏鹏翔 / 副主编

XIAOXUE KETANG YOUXIAO JIAOXUE

北京师范大学出版集团
BEIJING NORMAL UNIVERSITY PUBLISHING GROUP
北京师范大学出版社

图书在版编目(CIP)数据

小学课堂有效教学 / 刘慧主编. —北京：北京师范大学出版社，2015.5

（全国中小学有效教学指导丛书）

ISBN 978-7-303-18812-3

Ⅰ.①小… Ⅱ.①刘… Ⅲ.①课堂教学—教学研究—小学 Ⅳ.①G622.421

中国版本图书馆 CIP 数据核字(2015)第 072477 号

营销中心电话 010-58802181 58805532
北师大出版社高等教育分社网 http://gaojiao.bnup.com
电子信箱 gaojiao@bnupg.com

出版发行：北京师范大学出版社 www.bnup.com
北京新街口外大街 19 号
邮政编码：100875
印　　刷：三河市兴达印务有限公司
经　　销：全国新华书店
开　　本：170 mm×230 mm
印　　张：10.5
字　　数：183 千字
版　　次：2015 年 5 月第 1 版
印　　次：2015 年 5 月第 1 次印刷
定　　价：21.00 元

策划编辑：李　志　　　责任编辑：李洪波
美术编辑：焦　丽　　　装帧设计：焦　丽
责任校对：陈　民　　　责任印制：陈　涛

小学课堂有效教学

编　委　会

总　序

在很久以前，有一所为了应付新世界的变化，以造就英雄为教育目的的动物学校。教学目标便是克服所有动物与生俱来的缺点。为此，学校设置了跑、跳、爬、飞、游泳等课程，期望把每一种动物都培养成全能型动物。学校的办学理念是：大家都是英雄！谁也没有弱点！因此，每个进学校的动物都必须修完全部课程。

鸭子是游泳能手，飞行水平也就刚刚及格，跑的能力极差。于是，它必须拼命地加课以强化跑的技能，直到它把脚都跑烂了，跑的成绩仍长进不大。不过，学校认为，这个成绩还可以接受。但是，鸭子愈加担心，因为它可能再也没有什么可以骄傲的强项。

兔子是另一个类型。它跑得极快，可不会游泳。老师要它拼命地练习游泳，由于过度训练，最终导致它精神崩溃。

松鼠爬得飞快，却没有飞行的本领。老师不让它爬到树上，而是飞上树。在飞行课上，它一再受挫，使自己最后的一点自信也丧失了。同样的老师，还超负荷地训练了马，让马专注于爬行。结果，马在爬行课上勉强得了个C的成绩。然而，由于过度训练爬行，马最擅长的跑，成绩却是个D。

鹰是个问题学生。在爬行课上，它最终打败了所有对手立于大树的顶端。但是，取得这样的成绩，并不是老师教的——尽管老师总是对它严加管教，它却始终坚持自己的方法，才保持了骄人的成绩。

草原鼠没有上这所学校，因为学校没有打洞的课程。结果是，它们依然能够把自己的后代个个训练成专门打洞的能手。再后来，还创办了自己的私立学校。[①]

显而易见，动物学校是失败的。究其主要原因：一是它的教育目的和理念是空想的，以致教学无效；二是它的教学目标是学生不可能做到的，即便

---

① Fred Stopsky，Sharon Shockley Lee，Roy Tamashiro. *Social Studies in a Global Society*. Delmar Publishers Inc.，1994. 3

有低效的例子，也是耗费了太多的教育成本，本质上依然是无效教学。

要彻底告别动物学校，深挖学科教学内涵，提高教学质量，需要推进和实现有效教学。从操作的角度简单表述有效教学，可以用“简洁、多样、生成、意义”八字概括。“简洁”是指教学目标简单明了，该引导学生做什么、做到什么程度一目了然；教学设计结构明朗、层次清晰，怎样引导学生去做、做了或可发生的结果一目了然。“多样”是指营造开放的学习环境，引导学生多角度、多方面地进行探究活动。“生成”是指多样化的学习活动，理应促成学生的独立思考和自我建构，既然有效的教学活动的出发点和立脚点都在学生身上，教学活动本身就是引发学生提出问题和解决问题的过程。“意义”是指教学生成的结果是有意义的，即学生的进步或发展能够显见于他们的表现，既包括时下的外在行动，也包括潜在的内化过程。

我们强调把握有效教学的核心标准和操作规程，希望一线教师在实践中自我创新。为此，在编写体例方面，采用更适宜培训和自修的学习板块，帮助教师们对有效教学有更为整体的认识，以便自觉地去超越固有的教学观念，把教学中蕴含的行动智慧与力量还给学生。在编写方法方面，由问题切入、案例指引、策略运用、教学建议构成具体内容，以便教师们更容易从操作的层面理解有效教学。我们期望这套丛书，能够让教师们一看就懂、一用就灵。

我们对丛书编写强调“一个意图”和“三个视点”。

“一个意图”是为教师们“减负”提供一条途径。当然，“减负”不是不要学习，而是减去不必要的学习负担，包括各种有形的和无形的压力和无效工作，其目的是提高教学质量。为此，这套丛书力图做到：(1)精选问题和案例，尽可能减少教师们在探索有效教学过程中的困难，强化有效教学的核心观念；(2)纠正过度备课、过度使用资源和活动的现象，尽可能帮助教师们找到简便易行、效率高、效益好的办法进行教学；(3)理论结合实践，尽可能通过小文本读物呈现丰富且实用的内容，使之成为有学习价值的“备案图书”。

“三个视点”是“速成”“速立”“速用”。“速成”，即让教师们能够很快掌握有效教学原理；“速立”，即让教师们能够运用有效教学原理，进行有效的教学设计，做一个有效教师；“速用”，即让教师们能够运用各种有效的学习指导技能，完成学生的有效学习。

赵亚夫

2015 年 3 月

目录

CONTENTS

第一章

小学课堂有效教学旨在生命成长
——模式之根本

引言：小学课堂有效教学的目的在于促进儿童生命健康成长

课堂有效教学是我们追求的目标，若要实现并非易事。正如英国哲学家、教育理论家怀特海在《教育的目的》一书中所指出的那样：“教育是教人们如何运用知识的艺术，这是一种很难掌握的艺术。”①这一方面告诫我们，不要“小看”课堂教学，要想达到理想的效果，并不是轻而易举的事；另一方面也提醒我们，要使课堂教学有效，就必须全身心地投入。

课堂有效教学关涉的主要因素有四个方面：一是对学生的认识与理解；二是对学科的认识与理解；三是对学科教学的认识、理解与实践；四是对教师自己的认识与理解。这四个方面在课堂教学中复杂共存，增加了有效教学的难度。尽管如此，作为教师也不是无能为力的，一些优秀教师的有效教学案例就是最好的例证。

那么，怎样才能实现课堂的有效教学呢？思考这一问题，不仅要考虑战术问题，更应考虑的是战略问题。所谓战术问题，是直接回答如何教学的问题；所谓战略问题，则是回答为什么教学的问题。相比而言，后者比前者更重要。立足于今天对教育、教学及其与学生关系的理解，本章从儿童的生命、教学的意义和教育与生命的关系角度，阐释小学课堂有效教学的主旨在于儿童的生命成长。

一、以儿童生命为本

“谁要能看透孩子的生命，就能看到掩埋在阴影中的世界，看到正在组织中

① ［英］怀特海．教育的目的．北京：文汇出版社，2012：8

的星云，方在酝酿的宇宙。儿童的生命是无限的，它是一切……”

——罗曼·罗兰

(一)何谓有效教学

案例指引一：让我们携起手来，共同走进数学王国

小然是班上一个内向又颇具慧心的小女孩，常常自己画些“小精灵”独自欣赏，她很少参与数学的讨论，学习数学的兴趣不大。四年级期末的一天，她拿走了我的数学书，放学时又高高兴兴地把它送回了办公室。

“刘老师，我把您的书打扮了一下，您看好不好看啊?”

我接过来仔细一看，上面画满了各种小动物和小人物。这是她在用最独特的方式来表达她的心意，希望我能喜欢她。

我连忙夸奖她说：“真想不到，你能画出这么精致的图画，配色也很谐和，可见你是一个心灵手巧的姑娘。我想你只要用心，就一定能成为一个很出色的学生。”

第二天，我发现小然在作业本上写了几句话：“因为我的数学不好，一直很怕和您说话，但看见同学们跟您在一起开心的样子，我又很羡慕，我就鼓足了勇气。没想到您那么喜欢我，我想我会努力学好数学的。”

我立即回复道：“让我们携起手来，共同走进数学王国，你一定会成功。”

果然，此后小然变了，上课认真思考。她的作业从过去总是拖拖拉拉做不完，到现在主动多做，做正确，进步特别大。①

这是发生在刘可欣校长身上的真实故事。它对我们的启发非常大，让我们不得不思考，如何对待功课吃力的学生？是严厉批评，罚写作业，还是请家长？都不是，刘可欣校长为我们做出了答案，那就是，喜欢学生，鼓励学生，和学生携起手来，和学生共同走过。

课堂教学也是如此，学生的学习成绩并非一味地增加课时，加大作业量才能保证。每一位小学老师都要时常问自己：何谓教学？什么因素影响课堂教学？对学生而言，在课堂教学中，他关注什么？他的学习状态与什么有关？作为一位教师，若要使自己的课堂教学有效，应该主要关注什么？

1. 何谓教学

对教学的理解与界定，从古至今有多种。崔允漷在《有效教学》中考察了汉

① 刘可欣．刘可欣与主体教学．北京：北京师范大学出版社，2006：34

语和英语中“教学”的各种定义，在汉语中，在古代个别教学的组织形式前提下，教与学不分，以学代教。“教学”一词最早的语义为学习，是指通过教人而学，以提高自己。“教学”的第二种定义，在近代班级集体教学的组织形式前提下，“教学”的语义演变为“教授”。如《中国教育辞典》(1928)把“教学法”解释为“各种教授方术者”。“教学”的第三种语义为“教学生学”，陶行知认为，“教的法子必须要根据学的法子……先生的责任不在教，而在教学，教学生学。”“教学”的第四种定义为，教学是教师教和学生学的统一活动。

美国教育学家史密斯(B. O. Smith)把英语国家对教学的涵义归为五类：一是描述式定义：教学是传授知识或技能。二是成功式定义：教学意味着不仅要发生某种相互关系，还要求学习者掌握所教的内容。三是意向式定义：教学是一种有意向的行为，其目的在于诱导学生学习。四是规范式定义：即将教学作为规范性行为。它表明，教学的活动符合特定的道德条件。也就是说，只要符合一定道德规定的一系列活动都是教学。训练和教导是教学的最基本活动，灌输和条件反射与教学密切相关，而恐吓、蛊惑、生理威胁和说谎则完全不是教学。五是科学式定义：即以 a＝df(b，c，…)来表示的命题组合定义或并列建议式定义。①

面对上述多种定义，我们该如何把握“教学”之涵义呢？有学者研究指出，从历史的视角看，教学是一个动态发展的概念；从人学的立场看，教学就是促进学生有效学习；从发展的观点看，随着一个人不断地受教育，他越来越不成为对象，而越来越成为学习的主体，教学将越来越变成为学习。②

2. 如何理解有效教学

对有效教学，除了正确理解教学的内涵外，还需要回到教学的本质来看。有关教学本质的解说，包含以下四层意义③。

第一，教学是一种学习的活动，本质上是学而不是教，因此，活动的主体是学生，没有学生的学习活动就没有现代意义的教学。放录音、放录像不是教学，教师讲而学生不听、听不懂也不是教学，在大礼堂作报告、宣读文件材料更不是教学，只有在教师组织下学生实现了有效学习才是教学。

第二，教学是一种涉及教师与学生双方的活动过程，所以它一定是动态变化的过程，是一种交往实践行为，是一种涉及两个人及以上的实践活动。

---

① 崔允漷．有效教学．上海：华东师范大学出版社，2009：14～18

② 何善亮．教学的本质：基于有效教学的分析．教育理论与实践，2008(1)：57～61

③ 文喆．课堂教学的本质与好课评价问题．人民教育，2003(3-4)：13～16

第三，教学是一种特殊的学习活动，它是由教师组织的有目的、有计划的学习活动，是一种由国家、社会与成人们依据学习者身心发展需要、社会文化传承与经济发展需要制订出明确计划的、由一定的机构组织实施的学习活动，是一种指向性很强的学习活动。

第四，这里所说的教师的组织活动，包括讲解、讲述、指导、辅导，也包括展示、演示，还包括组织各种参观、操作活动以及释疑问难、激励评价等，总之，凡是一切有利于学生学习活动进行的手段，教师都应该利用，而教师利用这些方法、途径、媒体的唯一目的，就是让学生的学习活动能够真正进行下去，能够收到切实的成效。

可见，教学活动的本质是学生的特殊学习活动，其特殊性表现在教师是这一活动的组织者与指导者，学生学习活动的对象主要是间接经验，是人类积淀下来经过社会认真论证、筛选，以简约和系统形式表现的社会经验的精华，是以课程标准与教科书为代表的学习资源、学习材料。整个教学过程也就是一个“从教到学”的转化过程。在这个过程中，教师的作用不断转化为学生的学习能力；随着学生学习能力由弱到强的增长，教师的作用在量上也会发生与之相反的变化；最后是学生完全独立，教师作用告终。①

可见，有效教学一定是以学生的学习为中心；教师教的行为一定能促进学生的学习，并能提升学生学习的能力；教学的过程一定是与学生和教师的生命活动状态关联在一起，促进师生生命成长的。

3. 影响有效教学的因素何在

教学如何有效？崔允漷在《有效教学》中从教师“教”的角度，给出了一种答案。他指出，“在教师指导下的学习与没有教师指导下的个人学习”的区别就是“教”的本质所在。在有教师在场的情况下，教师为了让学生想学、会学与学好，会做出种种尝试与努力，教师的这些尝试与努力使不想学的学生想学，使想学的学生持续地学。相对于学生自学而言，教师的尝试与努力也能使学生学得更多、更快、更好，我们把教师的这些尝试与努力称之为教育。因此，我们就把“教学”规定为“教师引起、维持或促进学生学习的所有行为”。② 可以说，这一定义抓住了教师之“教”的本质所在，其中也包含了如何“教”之有效的因素，即能引起、维持和促进学生的学习。

那么，教师怎样才能引起、维持和促进学生的学习呢？教师之“教”是为了

① 何善亮．教学的本质——基于有效教学的分析．教育理论与实践，2008(1)：57～61

② 崔允漷．有效教学．上海：华东师范大学出版社，2009：19～20

学生之“学”，学生如何才能“学”得好是教师如何“教”才好的前提、基础、目标之所在。影响学生学习的因素很多，如个性、情绪情感、兴趣爱好、已有知识状况、家庭背景等，教师若不了解这些影响因素，很难在课堂教学中有效地帮助学生学习。

通过故事情节，我们可以看到，若使课堂教学有效，就要引起学生的学习兴趣和需要。教学过程中，教师只关注所教授的知识本身、教法的选用是不够的，更为主要的是要关注儿童的情绪情感，关注儿童对他与教师自己关系的感觉与感受。从上述案例可见，影响学生课堂学习状况的不是所学知识本身，而是学生与教师的情感，是学生可否感受到教师对他的喜欢，对他的关注。学生若能感受到教师的喜欢，上课就愿意学习，就能积极和教师、同学互动；若不能感受到教师的喜欢，则课堂上就会心不在焉，或“调皮捣乱”，或情绪、行为呈现对抗性。

关注影响学生学习的各种因素，实质是关注儿童的生命。生命是人的本体，人是以生命的方式存在，没有生命的存在也就没有人的存在。人是教育的对象，也是教育的主体。教育需要回归到人的生命本体中，以人的生命为起点和终点，教育过程中体现的也应该是对人的生命的深切关怀。小学儿童是小学教育的主体，小学儿童的生命成长有其自身规律，小学教育要遵循小学儿童生命成长规律，实施他们可接受的教育。① 教学终极目标应落脚于促进小学儿童生命的健康成长，这样，课堂有效教学应体现以儿童的生命为本。这是从学生为本、学习为主、教服务于学的角度来认识与理解课堂有效教学，是转变机械论的教育观为生命论的教育观的体现，有助于克服“知识本位”的教学观，矫正教师长期以来形成的只关注自身教学行为之惯性，为课堂有效教学提供坚实的基础。

那么，课堂有效教学如何体现以儿童生命为本呢？在此强调，理解儿童在小学中的“身份”，关注儿童的需要。

知识卡

何谓生命？

生命是一个高度有序的复杂系统，是一个在时间和空间上不断变化的网络；生命的每一部分都影响着生命整体；生命能够自组织；存在于所有生命的调节过程中的反馈控制和放大的演化系统，构成了关于生命自身的原理；生命体是一个通过不断汲取外部能量来维持甚至扩展有序结构的系

① 刘慧．关于初等教育学科建设的几点思考．首都师范大学学报(社会科学版)，2009(1)

统，是一个耗散结构，需要消耗能量，能量使生命生产出远离平衡态的结构。

人的生命是生物—心理—社会的整体。

——资料来源：刘慧，朱小蔓．多元文化的学校道德教育：关注学生的个体生命世界．教育研究，2001(9)

(二)理解儿童在小学中的“身份”

关注儿童生命，首先需要理解儿童在小学中的“身份”。儿童进入小学学习后，他们的身份是“小学生”还是“小学儿童”？这是一个非常重要的问题，两种称谓本身有着“本质”的区别，作为小学教师必须正确理解。

在未进入小学阶段，儿童的世界中充满着“玩”的字样，进入小学后，“学习”成为小学生生命成长中重要的核心词。在小学中，儿童具有了双重角色，从生命角度上讲，他们是儿童，小学儿童是相对于幼儿园和中学阶段少年而言的个体生命；从社会角色角度看，他们是小学生，“小学生”是相对于小学教师而言的一种社会角色。两种称谓的不同，会导致小学教师对待儿童的不同方式与结果。

当小学儿童仅仅被看成是小学生时，小学教师对小学儿童会有种种不恰当的态度和做法，例如，对小学儿童的要求、评判与行动均必然以“学生”的标准，不符合这一标准的就视为“不应该”“不对”，必须加以批评、指责、改正。而过早、过严地以学生的标准来对待小学儿童，尤其是低年级的小学儿童，会给他们的身心发展造成不良影响，还可能会带来意想不到的负面效果。考察现实中小学生发生自杀现象等悲剧的一个主要诱因即来自于此。

当小学儿童被看成儿童时，小学教师才可能理解小学儿童在课堂教学中出现的各种不符合小学生标准的“状况”，才可能恰当地对待，不至于造成不良后果。儿童进入小学后，需要通过一系列的、持续的学习才能成为一名小学生。作为小学教师，只有将学生看作儿童，而不仅仅是小学生，才能保护并实现小学儿童对学校、学习的期待与憧憬——在孩子们眼里，学校是一个神奇的世界，这里有同自己一样的孩子，有像妈妈一样慈祥的老师；有整齐的课桌椅，有崭新的散发着油墨香的课本，上面还有各种可爱的图画；有神圣的升旗仪式，有光荣的少先队组织，有统一的校服，还有在孩子们看来非常重要的奖励和处罚。在这里，他们开始了漫长的求学之路，不仅要学知识，还要学做人、学生活；在这里，他们开始了寻找自己精神家园的漫漫历程，可以获得自己的归属感、满足感。

法国当代著名哲学家、社会学家、人类学家埃德加·莫兰在《复杂性理论与教育问题》一书中指出，存在着两种理解：一种是理智的或客观的理解；另一种是人类主体间的相互理解。理解意味着在理智上抓住整体，一起把握(文本及其背景、部分与整体、多样因素和一个整体)理智的理解经由解读和说明来实现。说明是考察一个必须作为对象来认识的东西和向它应用所有的客观认识手段。人类间的理解超越了说明，包含主体对主体的认识。他举例说明这种认识是怎样的：如果我看到一个孩子在哭泣，我将理解他，不是通过测定他泪水中含盐量的浓度，而是通过把他同化于我和把我同化于他，在我身上重新发现我孩提时的悲伤。他人不仅仅是客观地被认识的，而且是作为另一个我们可以加以同化和我们可以被同化于他的主体来认识的。在理解中必然包括移情、同化、投射的过程。相互理解总是主体间的，它需要开放、同情和宽容。① 可见，教师对学生的理解不是客观的、事实的认识，而是“感同身受”。

人理解人并不是一件容易的事。“理解的伦理学是一种生活的艺术，它首先要求我们超脱利害关系的理解”，② 理解“不理解”的现象。③ 我们不但要认识理解本身是什么，还要知晓人类的理解有哪些障碍、促进理解的东西是什么(明智地思考和内省，前者是使我们可能同时理解它的客观条件和主观条件的一种思维方式；后者是指理解我们自身的弱点或缺失是理解他人的同样问题的途径④)，以及对人类复杂性的认识(人是复杂的，“不应把一个人划归为他自身的最小部分，或他既往的最坏片段”。要使理解得以可能，在主观上对他人开放或同情，将宽容内在化⑤)。只有这样，才可以有意识地克服在现实生活中理解之困难，并尽力去接近与达到对人的真正理解。

---

① [法]埃德加·莫兰．复杂性理论与教育问题．陈一壮，译．北京：北京大学出版社，2004：75

② 同上书，79

③ 同上书，80；刘慧．生命德育论．北京：人民教育出版社，2005：196

④ [法]埃德加·莫兰．复杂性理论与教育问题．陈一壮，译．北京：北京大学出版社，2004：80

⑤ [法]埃德加·莫兰．复杂性理论与教育问题．陈一壮，译．北京：北京大学出版社，2004：81

知识卡

有关理解的障碍，埃德加·莫兰在其“教授相互理解”的主张中给出了极为精辟、深刻的剖析。他指出，理解中的障碍是巨大的。共同特点就是把自己放置于世界的中心，而把任何外在的或远离的东西看作次要的、无足轻重的或敌对的。把在本性上是多样性的人格还原为它诸多特点中的唯一一个。如果该特点是令人喜欢的，就存在着对于这个人的消极方面的忽略；如果该特点是使人厌恶的，就将存在对他的积极特点的无视。在这两种情况下，都存在着不理解。

被一种观念、一种信仰所占有，绝对地确信它的真理性，这就消除了理解其他观念、其他信仰、其他人格的任何可能性。

理解的最严重障碍由下述因素构成：自我中心主义—自我辩护—自我欺骗的圆环。

——资料来源：[法]埃德加·莫兰．复杂性理论与教育问题．陈一壮，译．北京：北京大学出版社，2004：76

(三)关注儿童的需要

1. 何谓关注

我们首先需要理解何谓关注？加拿大著名教育学家、教育现象学开创者之一马克斯·范梅南在《生活体验研究——人文科学视野中的教育学》一书中指出，“研究就是一种关注的行为：我们想知道什么是生存最基本的东西，关注就是关心我们所爱的人，与之分享我们的一切，我们渴望真正了解我们所爱的人。如果我们的爱足够强烈，那么我们也将敢于直面生活中的许多未知。”①

可见，关注就是关心，关注儿童就是关心我们的学生，与我们的学生分享我们的一切，真正了解我们的学生；关注就是爱，关注儿童就是爱我们的学生，对学生强烈的爱，可以帮助我们面对教育教学生活中的未知与挑战；关注就是研究，关注儿童就是要研究儿童，研究教育与儿童之间的关系，研究教育教学如何促进儿童生命的健康成长。

---

① [加]马克斯·范梅南．生活体验研究——人文科学视野中的教育学．宋广文，译．北京：教育科学出版社，2003：7

2. 如何理解需要

需要一词，人们已司空见惯，但何谓需要，并非易于说清楚。概言之，需要既是个体生命内在规定性的显现，又是个体生命在生成过程中要适应生存环境的反映，是遗传与环境“共同运作”的产物。人的什么样需要、在什么时候、以什么样的方式显现，既具有一定的内在秩序，又受其外在生存环境的制约。教育是影响人之需要的一个重要环境因素，在一定程度上，教育可以激活、引导、满足人的某些需要。

换一种说法，需要是生命有机体维持其自身能量系统内外平衡状态的“必需”。普雷斯科特、默里等心理学家将人看成一种能动的有机体，一种能量系统，该系统通常处于由食物氧化产生的内部力量与外部条件相作用的平衡状态。要维持这个系统的平衡，就有必要满足某些“需要”。也就是说，某种张力的产生，会导致系统的不平衡，除非它们被缓解了。从这个意义上讲，每个有机体都在不断地满足自已的需要，并以这种方式的反应缓解不平衡状态带来的张力。①

马斯洛在 1943 年出版的《调动人的积极性的理论》一书中，首次提出了人类基本需要层次理论，将人的需要分为五个层次：生理需要、安全需要、归属和爱的需要、尊重需要、自我实现需要。在 1954 年出版的《动机与人格》一书中，又对此理论做了进一步的阐述，在尊重需要与自我实现需要之间增加了认识和理解的需要、审美需要。这样，人的需要共有七层。

普雷斯科特将需要分为三种类型：生理性需要，如食物、水、身体活动和性之类的需要；社会性需要，如对情感、归属感、从社会群体中获得地位与尊重之类的需要；整体性需要，如个体将自身与更大的、超越自身的世界相联系的需要，也就是对人生哲学的需要。②

需要及其满足与否对个体生命的成长意味着什么？首先，个体生命的成长具有多种可能性，成长为哪一种可能，在一定程度上取决于他自身遗传特性与环境契合或环境激活了他生命内在的什么样需要，以及这种需要满足与否、满足程度如何。简言之，需要是个体生命成长的动力、原理。其次，一个人的需要，在他的儿童时期满足与否，直接影响他的生命成长状态与生命质量。英国学者迈·凯梅·普林格尔在《儿童的需要》一书的开篇写道：只有

---

① [美]拉尔夫·泰勒．课程与教学的基本原理．罗康，等译．北京：中国轻工业出版社，2014：6～7

② 同上书，7

满足儿童在物质、情感、社会意识及智力发育方面的需要，才能使他们尽情享受生活，充分挖掘潜力，成长为积极参与社会并为之做出贡献的人。[①]

3. 儿童的需要有哪些

从生命个体的角度来说，无论是马斯洛所提出的七层基本需要，还是普雷斯科特所提出的三种类型的需要，儿童具有与成人一样的需要。但作为生命个体的儿童，他们是否具有一些更为突显的或更有其阶段性特点的需要？有关这方面的研究介绍英国学者迈·凯梅·普林格尔所著的《儿童的需要》一书，这部论著于1975年首次出版，在她1983年辞世后出了第三版，1989年我国春秋出版社出版译著，是一部非常值得小学教师好好学习的有关儿童需要的论著。书中将儿童的需要分为四类：对于爱与安全的需要，对于新体验的需要，对于赞扬和认可的需要，对于责任感的需要。在此简介其中一些要点。[②]

对爱与安全的需要

所谓满足爱的需要，就是要让儿童一出生就体会到自己与父母之间爱的联系，体会到这种稳定而持久的联系是完全可以信赖的。只有基于幼儿时期儿童与父母之间这种爱的联系，儿童的个性才能得以健康发展，他才会感觉到爱并对之做出积极反应，将来他才能成为一个充满爱心、细致入微的父亲(母亲)。

父母之爱的本质特征是无条件地珍视孩子，仅仅因为他的存在，而不考虑他的性别、长相、能力或性格；这种爱并不希望，更不要求得到感激，父母通过与儿童的各种联系表达了这种无条件的爱。一个儿童在将来对自己以及其他人采取的态度是积极的还是消极的，首先取决于他父母对他的态度。母爱连接着儿童的内心主观世界与外界客观世界，母爱塑造了儿童的人格与个性。

要满足儿童对于安全感的需要，首先给予儿童家庭的安全感，使他在稳定的家庭关系中，感到父母言行一致，值得信赖；其次给予儿童环境的安全感，即让儿童生活在他熟悉的环境中；最后给予他日程的安全感，即保证日常生活有规律。只有保证上述三种安全感，才能保证儿童所在的这个世界具有连续性，使他可以找出其中的规律。家庭关系的好坏对于儿童心理发育最为重要。儿童对于安全感的需要密切关系到父母为他规定的行为标准。一旦

---

① [英]迈·凯梅·普林格尔. 儿童的需要. 禹春云，等译. 北京：春秋出版社，1989：1

② [英]迈·凯梅·普林格尔. 儿童的需要. 禹春云，等译. 北京：春秋出版社，1989：24～51

儿童能够理解，并且知道了对他的希望，以及为何这样希望，他的成长将完全有别于在此之前的成长。

对新体验的需要

新体验是儿童智力发育的先决条件，它对于智力发育犹如食物对于身体发育那么重要。一旦儿童对新奇事物感兴趣，这种兴趣就会成为他进行新探索的动力，也是开始学习的动力。新体验使儿童能够学会生活中最基本、最重要的一课：学会怎样学习，学会感受不断征服所带来的喜悦感和成就感。

对于智力发育来说，至关重要的是玩耍和语言。儿童正是通过玩耍和运用语言来探索世界，并学会应对世界。包括现实的客观外部世界，也包括思想上的主观内心世界。儿童正是通过玩耍和运用语言，学会了运动技巧，具备了理解力，形成了世界观。

对赞扬和认可的需要

从一个幼小无助的婴儿成长为一个自立的成人，需要进行大量学习，包括情绪、社会意识和智力等方面。在漫长的学习过程中，不可避免地会遇到许多矛盾和挫折，所以需要鼓励。这些鼓励除了有成功后自身的喜悦，还有“大人”对儿童进步的赞扬，因为儿童爱着那些大人，愿意让他们高兴。鼓励以及恰当的期望能鞭策儿童坚持到底。

儿童对自我的看法是随着别人的看法而形成的。不仅儿童的学习能力将影响他的学习效果，而且儿童对自己的看法以及对学习的态度也同样对学习效果起作用。年龄越大，越需要老师和同学的认可，儿童的这种需要在青春期最为强烈。

对责任感的需要

要满足儿童的这种需要，必须让儿童学会自力更生，就是从照料自己的日常生活做起。

随着儿童渐渐长大，增强独立性就意味着允许给予他更多的自由——包括行动自由，对食物、玩耍、衣服的喜好，还有自由选择朋友、学习、爱好、职业，最后是配偶。

如果不让儿童负责，儿童就不能学会担负责任。负责和其他的技能一样，需要在成人的指导下加以练习。训练儿童承担责任是一项非常复杂的工作，首先，帮助他们判断问题，解决问题，为他们提供必要的信息(或指出哪儿能找到这些信息)，帮助他们预测各种选择可能出现的后果。其次，必须由他们自己来做最后决定，最终也必然由他们自己来承担后果。

以上四类儿童的需要之间关系如何？是否有先后、高低之分？对此，迈·凯梅·普林格尔指出，人类的所有需要都有着内在联系，相辅相成，相互作用，其关系既微妙又复杂。[①]

在此，结合小学教育中的现象和小学儿童的特点，强调小学儿童以下三方面的需要。[②]

被关注的需要

无论是在学校教育现场，还是在家庭生活情境中，我们都能感受到儿童有强烈的被关注的需要。在与人交往中，儿童会以各种方式引起他人的关注，尤其是在学校生活中，更为渴望教师的关注，如案例中的小然。

为什么儿童如此需要被关注呢？除了是儿童对爱与安全的需要、对赞扬和认可的需要表现外，还是改善自身处境、缓解自卑感的需要。阿德勒的研究指出，所有儿童都有一种天生的自卑感，它激发儿童的想象力，激励他尝试通过改善自己的处境来消除内心的自卑感。每个孩子都追求优越感，而有益的优越感对自己和社会是有价值的。[③] 儿童被关注的需要，恰恰是改善自身处境、消除内心自卑感的需要，同时也是儿童社会情感与社会兴趣发展的需要。儿童被关注的需要一旦获得满足，就可以从成人那里获得成长的正能量。

常规与游戏的需要

曾有这样一个故事：一位小朋友第一天上学回家后，妈妈问，上学好不好？小朋友说，不好。妈妈问，为什么？孩子的回答是，老师什么都没讲，不知道学校有什么要求。还有一个与此截然不同的故事：一个小朋友第一天上学回家后，对妈妈说，再也不想上学了，妈妈问为什么，孩子说，老师提了十几个要求，太可怕了。为什么会产生这样两种截然不同的结果呢？答案是：儿童不仅需要游戏，也需要常规。

沛西·能曾指出，常规和游戏是人类保守性活动和创造性活动的表现形式。儿童喜欢有节奏的动作游戏并伴着节奏反复舞蹈和歌唱，这种现象表现了儿童具有的常规趋势。在儿童期，常规趋势是过多活动的表现，儿童渴望运用他成长着的身心力量，但是他的才艺宝库却狭窄有限，所以，他喜爱重复熟悉的东西，因为他能从中得到最充分有效的自我表现。儿童为正当的生

---

① ［英］迈·凯梅·普林格尔．儿童的需要．禹春云，等译．北京：春秋出版社，1989：22

② 刘慧．关注小学生的需要：教育学的视角．湖南师范大学教育科学学报，2013(5)：73～77

③ ［奥］阿尔弗雷德·阿德勒．儿童的人格教育．彭正梅，彭莉莉，译．上海：上海人民出版社，2011：8～9

物学理由，喜爱反复熟悉的东西，这是他们控制自己小天地不可缺失的手段。他又指出，游戏出现在儿童的各种活动中，通常被解释为“剩余精力”的表现。也就是说，在儿童和青少年时期，有机体所能使用的身体的和心理的精力，多于它单纯自我保存或身体发育的需要，并且大都以游戏的形式来消耗这种剩余的精力。① 可见，常规和游戏都是儿童生命健康成长不可或缺的需要，教育既要满足儿童常规的需要，还要满足儿童游戏的需要，并调控好两者之间的张力。

追求人生意义的需要

追求人生意义是人的生命本性。儿童同样有追求人生意义、追求优越性的需要。阿德勒的研究表明，我们所有人在童年时期都无意识地发展了一种关于生活的信念，即虚构目的论，儿童和成人都无意识地受到这种虚构目的的牵引。这个虚构目的就是追求人生的意义，追求优越性、超越、完美，即追求优越感。②对 3 至 5 年级的小学生进行有关生命问题的问卷调查，结果表明，小学儿童对生命问题的思考非常丰富，例如，人的生命是怎样产生的？生命是什么样的东西？它到底有多神奇？人的生命为什么那么珍贵？生命有那么重要吗？我为什么有生命？没有生命不行吗？如果人没有了生命是什么样的感觉？人为什么会死？死了会有感觉吗？死了便什么都不知道了吗？为什么生命只有一次？我会有生命危险吗？我能活多久？如果世界上第一个人不爱生命，还会有这个世界吗？③

需要说明的是儿童需要与儿童天性之间的关系。所谓天性是指自然对人发展的规定性是与生俱来的，是人身上的自然属性。④ 从需要的内涵看，需要是个体生命内在规定性的显现，是遗传与环境“共同运作”的产物。由此可见，天性是需要产生的内在因素，是内在天性的外在显现。同理，儿童的需要也是儿童天性的显现，是儿童天性与环境互相作用的产物。

目前，有关儿童天性的研究还十分有限。陈鹤琴曾提出儿童有“好奇”“好游戏”“好模仿”“喜欢合群”“喜欢野外生活”的天性。凌冰在《儿童学概论》中将

---

① ［英］沛西·能．教育原理．王承绪，赵瑞英，译．北京：人民教育出版社，2005：73～74，82

② ［奥］阿尔弗雷德·阿德勒．儿童的人格教育．彭正梅，彭莉莉，译．上海：上海人民出版社，2011：7

③ 刘慧．生命教育为健康成长奠基．博览群书，2011(6)

④ 毕有余，赵晓杰．葆有天性：真谛、特点与途径．东北师范大学学报(哲学社会科学版)，2012(6)：206～209

儿童的天性分为社会性和非社会性两类，社会性主要有：好群性、同情性、模仿性、竞争性、游戏性；非社会性主要有：食性、恐惧性、战斗本能、求知性等。[①]在关注儿童需要时，一定要了解、考察儿童的天性。

二、教育性教学

一位曾在第二次世界大战期间德国纳粹集中营遭受过非人折磨的幸存者，战后辗转到了美国，成为一所中学的校长。每当新教师来到学校，他都会交给新教师一封信，信中这样写道：

“亲爱的老师，我是一名纳粹集中营中的幸存者，我亲眼看到了人类不应当见到的情境：毒气室由学有专长的工程师建造；儿童被学识渊博的医生毒死；幼儿被训练有素的护士杀害；妇女和婴儿被受过高中或大学教育的士兵枪杀。看到这一切，我疑惑了：教育究竟是为了什么？我的请求是：请你帮助学生成长为具有人性的人。你们的努力绝不应当被用于创造学识渊博的怪物，多才多艺的变态狂，受过高等教育的屠夫。只有在使我们的孩子具有人性的情况下，读、写、算的能力才有其价值。”

这是近年来在网络上、杂志上、课堂上转载、刊载、讲授频繁的一个令人深思的故事，是教师、学生用来思考、讨论究竟什么是教育的一个最深刻的故事。无论是谁看到这封信都难免不被信中所列举的事实所震撼，为提出的“教育究竟为了什么”这一根本性的问题而深思。

教育不是训练只有知识、技能而没有人性、没有思想的工具，而是培养具有人性之人。尤其是小学教育具有“奠基性”与“方向性”，即为人的发展奠基，为人的发展确定方向。因此，小学教师不是单纯地传授知识、训练能力，更为重要的是促进小学生的道德性成长和生命健康成长。[②]

（一）没有“无教育的教学”

教育与教学，这两个概念是何关系？这是教师在课堂上实施有效教学必须首先要弄清楚的。

追根溯源，并非教育与教学从一开始就是分开的。人类从生命孕育和养育的现象中认识教育，从年长者向年幼者进行经验传递的现象中认识教学，经过漫长的历程创造了学校教育和教学。教育就是教学，教学就是教育，它

① 凌冰．儿童学概论．上海：商务印书馆，1923：98～115

② 刘慧．小学德育实践．北京：高等教育出版社，2012：2

们是一体融合的关系。中国古代教育思想中的"博学之，审问之，慎思之，明辨之，笃行之"既可以解释为教育过程，也可以解释为教学过程、德育过程。至近现代之交"西艺"进入中国学校教育，我们创造了"体用"关系说来区分中学和西学，这种关系说不仅意味着教育内容的拓展，也意味着教育和教学的某种"分化"。①

"科学教育学之父"赫尔巴特早在1806年出版的《普通教育学》中，提出了"教育性教学"的理论。其中，"教育性"指道德性，"教学"指知识教学。赫尔巴特认为，"知识和道德具有直接的和内在的联系"，② 他不承认有任何"无教学的教育"，也反对"无教育的教学"。他指出，"绝不是一切教学都是教育性的。例如，为了收益，为了生计，或出于业余爱好而学习，这时将不关心通过这种学习一个人会变好还是会变坏。"③教育性是教育教学的最终指向，教学是其手段之一。赫尔巴特的"教育性教学"理论具有深远的历史影响。

从今天我国的新课程改革来看，无论在课程目标的设定上，还是在教学评价等方面，都突出强调了学生的全面发展。从评价的角度看，现行中小学评价问题突出反映在强调甄别与选拔功能，忽视改进与激励的功能；注重学习成绩，忽视学生全面发展和个体差异；关注结果而忽视过程，评价方法单一；尚未形成健全的教师、学校评价制度等。《课程改革纲要(试行)》指出了建立促进学生全面发展的评价体系。评价不仅要关注学生的学业成绩，还要发现和发展学生多方面的潜能，了解学生发展中的需求，帮助学生认识自我，建立自信。发挥评价的教育功能，促进学生在原有水平上的发展。新课程对教学的评价要求，第一条就是评课要"以学生的发展为本"，从学生全面发展的需要出发，注重学生的学习状态和情感体验，注重教学过程中学生主体地位的体现和主体作用发挥，强调尊重学生人格和个性，鼓励发现、探究与质疑，以利于培养学生的创新精神和实践能力。

(二)注重培养儿童的学习兴趣与能力

学习是人的天性，儿童是天生的学习者，儿童通过自愿学习，不断培养自己的学习兴趣和学习能力。在现实生活中，"知识本位"的教育观使得家长、教师并不把儿童当作独立的生命体去看待，而是被动的知识"容器"。很多时

① 杨启亮．教学的教育性与教育的教学性．教育研究，2008(10)：21～26

② 吴式颖．外国教育史教程．北京：人民教育出版社，1999：320

③ 李明德，金锵．教育名著评介(外国卷)．福州：福建教育出版社，1992：164～165

候，儿童的很多学习项目与内容，均是被家长和教师安排好的，他们没有自主选择、自主设计的权利与机会。渐渐地，他们对学习失去了兴趣，不再把学习当成自己的事情，而是当成一种任务，一种心里不愿接受、不愿意做的事情去完成。学习对小学儿童来说，并非是自身生命成长的需要，而成了一种外在的沉重的负担。在这种情况下，课堂教学对儿童而言，完全起不到培养学习兴趣和能力的作用；相反，却让他们不断对学习失去兴趣，不断使自己失去学习的能力。

为此，课堂教学一定要改变这种状况，要确立儿童作为独立生命个体的学习主体地位，遵循儿童的天性，关注儿童的需要，让他们感受到学习带来的快乐，让他们在学习的过程中不断释放自己的天性，增强学习兴趣，提高学习能力。

那么，教师能为培养儿童的学习兴趣与能力做些什么？在此，提供几方面的研究成果。

为儿童“提供情境以刺激思考”

怀特海指出，一个活生生的有机体，“依靠自身自我发展的冲动而成长。这种冲动可以从有机体的外部进行激发和引导，它也可能为外界的力量所扼杀”。[①] 也就是说，儿童是依靠自身发展的冲动而成长的，教师及学校教育是儿童生命成长最直接的外部力量，既可能成为儿童成长的助力，也可能成为阻力。

菲利浦(D. C. Phillips)等在《透视学习》中指出，教师所有的工作就是“提供情境以刺激思考”，并采取体谅的态度。教师必须与学习者一起拥有共同的观念。无论如何教师都不可以简单、直接地告诉学生新的观念，因为学生可能会通过机械式的背诵来学习这个新观念，而无法理解这个观念的涵义或是了解这个观念和其他观念之间的关联性。[②] 可见，为培养儿童的学习兴趣与提升儿童的学习能力，教师在课堂教学中应为学生学习、思考提供有效情境。

为学生提供教育经验

教师可以通过营造环境、构建情境来提供教育经验，以激发所期望的反应。这就是说，教师必须对学生的种种兴趣和背景有所了解。这样他就能对以下可能性有所预见：给定情境是否可能使学生产生反应，进而是否可能引

---

① 林崇德，杨治良，黄希庭. 心理学大辞典. 上海：上海教育出版社，2003：1256

② 菲利浦(D. C. Phillips). 透视学习. 台北：桂冠图书股份有限公司，1999：74

起他们对期望的学习产生必要的反应。[①]

让儿童参与课堂纪律的制定

课堂纪律是课堂有效教学的必要条件，课堂纪律如何产生对儿童是否遵守以及遵守到何种程度，有着非常大的影响。从儿童需要的角度看，让学生直接参与课堂纪律的制定是确保课堂秩序的重要因素。

普林格尔指出，在传统的课堂教学中，教学任务和课堂秩序都是老师来制定，很少有什么需要儿童自己采取措施对他的行为和学习成绩负责。以儿童为中心的教育制度则是根据儿童自己不同的兴趣和能力来设计自己的活动，因此，他们产生一种参与意识。同时，让儿童和教师一起制定纪律有助于使儿童懂得为什么有必要受约束，儿童也会因此更加遵守纪律。[②]

(三)成长经历大于知识

小学是一个人的梦想开始的地方，是一个不断丰富梦想、为实现梦想做准备的初始阶段，是为人的一生幸福奠基的阶段。“小学儿童的年龄在六七岁至十一二岁，是他们在该阶段生长发育最旺盛、变化最快、可塑性最强、接受教育最佳的时期。”[③]在这样一个生命的“黄金期”，小学课堂教学应该能开启他们的梦想、为他们的一生幸福奠基。

小学儿童尽管在校学习知识，但是在他们的生活世界中，成长经历要远远大于知识的获得。儿童的学习是为他的生命成长服务的，儿童通过自己的兴趣与学习能力，不断获取各种知识，滋养自己的生命，促进生命的成长。

小学课堂教学不是要教给儿童多少知识，或多么高深的知识，而是要为他们以后的深造以及终身学习打下良好的基础，是要教会他们形成良好的生活习惯；掌握生活技能、懂得生活知识，能够处理生活中的问题。只有有了这些基本的知识、能力以及生活常识，他们以后才能够胜任各种工作，能够很好地生活。

以往教学为了完成知识传授和学生掌握这一中心任务，在教学目标设定中最为具体的就是认识性目标，把目标仅仅局限于发展学生的认知能力。所以，以往教学的最根本缺陷就在于忽视了学生作为一个完整的生命整体的发展，把生命的认知功能从生命整体中分割出来，突出其重要性，获取知识与

---

① [美]拉尔夫·泰勒．课程与教学的基本原理．北京：中国轻工业出版社，2014：66

② [英]迈·凯梅·普林格尔．儿童的需要．禹春云，等译．北京：春秋出版社，1989：50

③ 林崇德，杨治良，黄希庭．心理学大辞典．上海：上海教育出版社，2003：1256

其他方面发展的并列或平行的关系，把完整的生命当作认知体来看待。教学把完整的生命作为认知体来看待，在一定意义上就是把人“物化”了。

随着社会的发展，知识的数量在不断增加，知识的形态在不断改变，知识的内涵也在不断变化。在知识社会，人们更加看重知识的资源价值，把知识看成是丰富个人生命实践和促进个人生命成长发展的特殊资源，人学习知识的过程就是开发和利用知识的“资源”来滋养个体的生命。不仅如此，个人还要在学习和运用知识的基础上，积极参与新知识的形成过程，在知识运用的过程中生成和创造新的知识，实现知识的运用与新知识的创造两者之间的过程统一。

在这样良性循环的过程中，知识在不断地增长，滋养个人生命的资源在不断地丰富，个人的生命实践形态也在不断地更新和发展。所以，在当今生命高度受到重视的时代，通过学习，小学生的生命不断受到滋养，学生个体生命的精神世界在不断丰富，不断把他人的经验转化为自己的经验，把他人的生命实践通过自己的体悟和践行，转化为自己的生命实践，从而不断为自己的生命成长服务。

三、传递生命的气息

泰戈尔认为，“教育的目的应当是向人传递生命的气息。”

杜威提出，“教育不是把外面的东西强迫儿童或青年去吸收，而是需要使人类‘与生俱来’的能力得以生长。”

蒙台梭利指出，“教育就是激发生命，充实生命，协助孩子们用自己的力量生存下去，并帮助他们发展这种精神。”

怀特海指出，“学生是有血有肉的人，教育的目的是为了激发和引导他们的自我发展之路。”

罗杰斯认为，“教学是一个在教师、学生与教育材料间互动的过程……教学像医疗活动一样，本质上是合作的，教师的功能在于引导学生运用已有的经验开掘自身的发展潜能。”

通过上述思想家、哲学家、心理学家、教育学家的观点，我们可以深切地感受到，教育教学的起点是人的生命，教育教学的过程是生命和生命之间的交流，教育教学的目的是让生命存在的更好。

从生命的角度来看，教师与学生的生命既有相通性又有差异性。对于小学儿童来说，在课堂教学中意味着伴随成长。教和学是在伴随成长的关系中进行的，伴随成长不是主—客关系，而是主—主关系，通过师生间生命的主—主互动，两者不断在生命的轨道上前行。所以，课堂有效教学是传递生命的气息——师生不断释放生命活力，生命能量在师生之间不断地流动与转化，不断地提升各自的生命质量。那么，课堂教学中如何传递生命气息呢？

(一)相信儿童

案例指引二：你为什么不跟他们说这是我送你的

从土伦监狱释放出来的冉·阿让住进了主教家。晚上偷走了主教家银质餐具的冉·阿让被当地警察抓住并被带回了主教家。主教说，“你为什么不跟他们说这是我送你的？还有我送你的蜡烛台你忘记带走了。”这段话深深触动了冉·阿让。正是这份毫无保留的信任和爱，让一个罪犯一步步转化成为对社会有用的人，有爱心的人。

这是我们耳熟能详的《悲惨世界》的精彩片段。主人公已非儿童，有着悲哀的、罪恶的过去，他的心是灰的，眼睛是暗的，对这个世界充满疾愤。但就是这样一个无望之人，也抵挡不住他人的信任和爱心。可见，信任和爱心是多么有力量！

同样的道理，信任和爱心对于儿童更是重要无比。儿童是一种自然的存在，自由的存在，开放性的存在。儿童有着巨大的生命能量，儿童的本质不是育成的，而是生成的。现实是儿童成为何种儿童的基础，只要外界给予儿童正确的激发，只要教师给予儿童充分的信任和期待，他们会创造出巨大的奇迹。

著名的“皮格马利翁效应”告诉我们，“教师的期望”对儿童的学习成绩、生命状态有非常重要的影响。它可以使一个班级里表现平平甚至是“落后”的学生，变成班级中的优秀学生。

普林格尔在《儿童的需要》中，将“教师的期望”表达为“教师的热情和温暖”，并将其作用表达为，“可以从儿童相互间的态度以及对老师和学习的态度中看出，不仅每个儿童会对此做出积极的反应，而且整个班的集体感都会增强。”[①]这更便于教师理解与掌握如何以自身的行为影响学生的学习，影响学生的生命成长。教师生命所释放出来的热情与温暖，会感染学生，学生会不知不觉地感受到、吸收到教师的生命能量，促进他们生命的成长。

---

① [英]迈·凯梅·普林格尔．儿童的需要．禹春云，等译．北京：春秋出版社，1989：29

为儿童的学习、成长付出热情和温暖，对教师来说，并不是非常困难的事情，但也不是轻而易举的。其中，一个关键因素是我们是否相信儿童。儿童的潜能是无限的，只要教师相信儿童，肯于给予他们热情和温暖，他们就会不断释放自己的生命能量，不断创造一个又一个的“奇迹”。

知识卡

罗森塔尔效应

哈佛大学心理学教授罗森塔尔曾经用小白鼠做过一个非常有趣的走迷宫实验。

实验之初，他把一群小白鼠分成三组，分别配给A、B、C三组实验人员，然后告诉A组：“你们真是太幸运了，配给你们的小白鼠是经过几位教授特意挑选并精心训练的。它们血统高贵而且非常聪明，智力几乎接近人脑，所以你们一定要好好对待它们，努力使它们发挥出最棒的水平来。”

告诉B组：“你们的运气很一般，这些小白鼠只是很普通的一组。它们血统一般，智力也一般。你们用最常用的方法训练它们即可。”

告诉C组：“你们非常不幸，这组小白鼠简直糟糕透了。它们血统低劣，智力也很差，简直就是白痴。你们随便用什么方式训练它们都行，反正它们的本质已经注定了。”

三组实验人员按照“指示”各自训练了小白鼠一个月之后，教授分别对三组小白鼠进行了测试，最终的结果表明：A组小白鼠果然最为聪明，不但都走出了迷宫，还缩短了专家们预计的时间；B组小白鼠则表现一般，只有一半走出了迷宫，所用时间也比专家预计的稍长一些；而C组最为糟糕，只有两只成功走出迷宫，而且所用时间之长简直令人无法忍受。

实验完毕之后，罗森塔尔很平静地告诉各组实验人员：其实这些小白鼠根本没有什么血统以及智力的区别，它们都是普通的小白鼠，是我把它们分成了三组而已。

实验人员瞠目结舌的同时，不由得想起自己一个月以来对待小白鼠的态度：

A组人员非常珍爱自己的小白鼠，他们不但很悉心地照顾它们，还用最积极、难度最大的方法训练这些“智力超常”的小家伙们，甚至会定期和它们进行“语言交流”；

B组人员则像对待普通动物那样对待自己的实验对象，按照普通的方式去训练它们；

而C组人员呢？他们每个人都在叹息自己的运气不好，竟然摊上这么几只蠢笨的东西，恰巧训练过程中又有很多迹象表明这伙小白鼠的确“愚蠢无比”，比如不听指挥、没有纪律性等，所以，他们常常打骂这些可怜的小家伙，有时还会以“忘记”喂食的方式来惩罚它们。

罗森塔尔教授从这个实验得到了启发，他想这种效应能不能也发生在人的身上呢？

有一天，他和助手来到一所小学，声称要进行一个“未来发展趋势测验”，并煞有介事地以赞赏的口吻，将一份“最有发展前途者”的名单交给了校长和相关教师，叮嘱他们务必要保密，以免影响实验的正确性。其实他撒了一个“权威性谎言”，因为名单上的学生根本就是随机挑选出来的。8个月后，奇迹出现了，凡是上了名单的学生，个个成绩都有了较大的进步，且各方面都很优秀。

(二)营造生命课堂模式

“课堂”小诗①

课堂，你曾像一个密不透气的箱，禁锢了思想的自由飞翔；

课堂，你曾像一把锁，锁住了心灵的驰骋，锁定了智慧的生长；

课堂，你曾像一把标准剪刀，裁断过无数学童充满诗意的梦；

课堂，你曾像一座庙，因为有太多的清规戒律，一个无法令孩童们心驰神往的地方……

不，久违了的课堂，

你应是物欲的世界里一座永远不会沉没的岛，

你应是岁月的风尘里一张永远不会褪色的像，

你应是连通世间每一个角落的网站，

你应是一扇自由呼吸的窗。

啊！课堂，我魂牵梦萦的地方。

啊！课堂，我生命成长的地方！

---

① 曹永鸣．构建生态课堂、实现生命对话——三教《田忌赛马》的启示．人民教育，2003(21)

这首小诗描绘了同为课堂的两个世界：一个对儿童生命造成严重伤害；另一个为儿童生命成长提供了阳光雨露。这两类课堂的区别何在？

1. 传统课堂对生命的“异化”

课堂是师生生活的重要组成部分，是师生真实的生活过程；课堂教学是师生生命中重要的经历。

长期以来，在“应试教育”的影响下，课堂已被异化，失去了它应有的价值。学生成为知识的“容器”，教师成为传递知识的工具，“教师讲学生听”成为课堂教学的常态模式。机械的教学过程、僵化的教学模式、狭隘的教学目标已经占据了大部分课堂，丰富多彩的课堂生活变成了单调的知识传授、技能训练。师生生活在课堂教学的学科世界中，失去了其生活世界的基础，课堂上缺乏交往体验、生命表现、与现实生活世界的联系，师生成了知识、技能的奴隶。学生的想象力、创造力、梦想在课堂教学中被扼杀，心灵成长失去了能量。

这样的课堂中，学生作为一个生命整体往往被放逐了。学生作为一个完整的生命存在，除了有理性的一面，还有非理性的一面，而且情感、体验、意志这些非理性因素更能体现生命的特性。从表面上看，学生是一个完整的人坐在课堂上，实际上学生并没有作为一个整体参与教学活动，仅仅是他们理性的认知因素被允许参加到教学活动中来了，而他们的需要、动机、兴趣、情感、人格等因素在课堂中都没有得到应有的关注。

这样的课堂教学，突出表现为以下三种现象。

一是“木偶”现象。教师为了体现学生的主体性，在课堂上让学生讲话。可是，学生讲的话却不是他们自己的语言，而是教师为他们准备好的“官话”“套话”“成人话”“教材话”等。越是有听课的人，这种现象就越突出。教师“不敢”放开，无论是教学内容，还是教学目标，无论是教学语言，还是教学思维；学生“不能”放开，无论是思考问题的思路，还是回答问题的语言，学生仿佛成为教师手中的“木偶”。其弊端不仅是没有真正实现学生的主体地位，更为严重的是无意中教会了学生“作假”。

二是“填空”现象。有些学校教师为完成教学目标，设计了一些活动，可是这些活动却与学生的生活距离太远，不但没有达到教学目标，还可能闹出笑话或令学生冷眼旁观。在这两种状态的德育中，一个共同的弊端就是很难听到孩子们的心声。

三是“赶场”现象。这是更为普遍的一种现象，观摩一些中小学的优秀德育课，总是有一种不到位、不过瘾、不那么舒服的感觉。越是精心设计的课，这种感觉就越是明显。教学过程中，师生被教师自己课前设计好的一系列活动牵着走，仿佛在“赶场”，走马观花，好像什么都看了，但又什么也没看清。下课时，教学目标似乎是完成了，但教学效果却大打折扣。在某小学观摩一堂德育课时，这种感受尤为强烈：当孩子们和在场的人被课堂上的一种情境所感动，情感被调动到高潮后，还没来得及缓冲、回味，就被教师“生硬”地带到了另一个环节中。许多孩子无法进入，仍然沉浸在前一个情境中。这样不但令人很不舒服，也很令人惋惜。其实，教育作用更多的是体现在活动高潮后的时间里：回荡、反思与表达。[①]

2. 生命课堂对生命的关爱

在教育活动中，教师和学生是两个互为依存又各自独立的矛盾统一体，他们都生活在教育“场”中，要想获得各自生命全面而和谐、自由而充分、独特而创新的发展，必须依赖于教育活动中两个生命主体间的交往、理解和支持。对学生而言，课堂教学是获得生命自我发展的场所，是生命中不可缺少的部分。

小学儿童，作为一个个有着独特个性、鲜活生命力的个体进入课堂，他们有着自己的真情实感，判断是非的能力，自己的知识经验、自己的成长背景。课堂有效教学应该能对学生的情感、思想、经验等方面有不同程度的触动、启发和挑战，并生成一些新的内容。这就要求课堂教学具有“解放性”“开放性”“挑战性”与“生成性”。即在课堂教学上，师生的思想观念解放、思维方式解放，能够不唯书、不唯上；能向生活开放，师生彼此之间开放，并能触及师生的生活经验；教学内容在知识、能力、情感等方面对学生有一定的挑战性，以有助于改造师生的经验；个体生命独特性、多样性得到展现，生命潜能得到开发和实现。

这样的课堂，我们称之为“生命课堂”。它着重体现为“生命性”的特征：(1)遵循与尊重个体生命遗传的独特性。遗传学的研究表明，每一个个体生命的遗传型都是独一无二的，脑科学的研究也指出，每一个人都有独一无二的脑能特征，都有自己独特的处事方式。(2)关注个体生命成长的经历与经验。生命成长是不间断的、持续进行的，是以过去的经验为底色、为材料，接纳、吸收或排斥流变的(当下)经历，走向未来。(3)关注个体生命独特的体验与表

① 刘慧．论德育的生命叙事模式．中国德育，2006(4)

达，直接触动学生的情感，把学生的内心感受引发出来。[1] 这也是教师营造生命课堂应遵循的三个基本原则。

要营造生命课堂，教师在教学中还应特别注重“生成性”。即，教学过程不能完全按照预设进行，而应注重课堂上的生成。这就要求教学过程是开放的，例如，教学中的师生问答，教师不能限制学生发言内容，不要试图引导学生说教师想说的话；师生问答不局限于一问一答，应是充满变化，充满不确定性的；教师的问题不仅仅有一个固定答案，应是能让学生产生发散式回答等。只有课堂气氛是民主的、和谐的，师生之间才能够进行平等的情感交流，不断激发生命能量。

要营造生命课堂，教师在课堂教学中应把握“节奏”，触发学生体验，焕发生命活力。课堂教学中，不仅要使学生有“情”动，还要有“思动”“行动”。为此，要给学生个体生命的表达提供时空。学生的生命之“动”需要表达，要使个体生命的表达得以实现，就必须给予个体生命表达的时空，并使他感到自己的表达被接受。前者使个体生命的表达成为可能，后者使之获得喜悦。“感受或领会是对表达的接受，良好的接受状态会进一步激发表达者表达的欲望，不断深化表达。”[2]如果学生的生命“动”起来了，那么课堂也就充满了生命的活力。

知识卡

生命课堂的涵义

生命课堂是指教学过程中以人的生命为本，知识、能力、情感、态度、价值观的整体目标实现，师生生命共同度过的一段历程、共同成长的一段时光。在此，从三个层面来解释：

首先，生命课堂是一种教育理念，是“以人的生命为本”的教育理念在课堂中的体现。

其次，生命课堂是知识、能力、情感整体目标共在的课堂教学过程。

最后，生命课堂是师生生命共同成长的历程。

——资料来源：刘慧．小学德育实践．北京：高等教育出版社，2012：89

① 刘慧．小学德育实践．北京：高等教育出版社，2012：90

② 刘惊铎．道德体验论．北京：人民教育出版社，2003：71

(三)教师全生命的“在场”与“投入”

在课堂教学中，教师全生命的在场与投入，是教师一切从生命着眼，从学生一生发展出发，关爱学生生命的前提、基础与体现。教师全生命的在场与投入，主要表现如下。

1. 课堂教学行为的点点滴滴间洋溢着教师的爱

教师与学生之间总是处于一种潜在的教与学关系之中，这种关系是一种主体际的关系，师生共同感受，共同分享生成意义。教师不能将学生看作是对象化的客体，或是可以随意涂抹的画板，而要在实施教育之前充分地了解他们。教师在实施课堂教学之前会扪心自问：我要教给孩子什么？学生对我所要教的内容掌握情况如何？我教这些东西有用吗？对学生的一生发展有什么价值和意义？学生会这些东西和不会这些东西有什么差别？一旦发现这些东西学生会不会都行，对学生发展并无多大用处，或学生都已经知道，或根本不需要，那么就宁可不教。不管它是教参上写的、名家说的，还是上级领导要求的。

教师有意识地将自己对学生的爱倾注于课堂教学中的每一个细节中，教师的一个宽容的微笑，一句由衷的赞赏，一个关切的动作，看似微不足道，却饱含着对学生生命的关爱、对学生命运的关切、对学生生命成长的责任感，久而久之就可以化为自然而然的习惯，给学生生命成长营造了如沐春风、如浴阳光般温暖的氛围。

2. 注意自身教学细节的教育性和潜移默化的影响作用

举手投足间考虑到其中可能承载的对学生生命成长的影响；一言一行中尽可能传递对学生生命的尊重、理解与信任。一个负责任的以学生生命成长为己任的教师，必定会时常反省自身的教学行为和细节，并结合自己的教学理念，对既有的教学行为和细节进行微格化分析，以期产生新的更加适应生命成长需求的教学细节。

只有教师的生命在场并投入了，才能挖掘并发挥对生命独有的敏感性，全面关注学生，才能实现叶澜教授所提出的若干“可能性”：

当学生精神不振时，你能否使他们振作？

当学生过度兴奋时，你能否使他们归于平静？

当学生茫无头绪时，你能否给以启迪？

当学生没有信心时，你能否唤起他的力量？

你能否从学生的眼睛里读出愿望？

你能否听出学生回答中的创造？

你能否觉察出学生细微的进步和变化？

你能否让学生自己明白错误？

你能否用不同的语言方式让学生感受关注？

你能否使学生觉得你的精神脉搏与他们一起欢跳？

你能否让学生的争论擦出思维的火花？

你能否使学生在课堂上学会合作，感受和谐的欢愉、发现的惊喜？

……

3. 教师在对学生付出爱的同时也收获来自学生的爱

教师在给学生的生命成长打上亮丽底色的同时，自身的生命也更有价值。学生的积极反应和对教师的关怀同样具有精神感召力，它能提高教师发现问题，把握机会的敏锐性，成为教师不断追求教育实践合理性，克服职业倦怠的重要动力，会不断激发教师的生命活力。

案例指引三：在乎学生的在乎①

一次，我在批阅学生日记时，发现有个学生的日记中有这样一段耐人寻味的话："据我观察，英语老师对小瑞实在偏心，总是叫他回答问题，而且还笑眯眯的。可偶尔提问我时，他就变成另外一副模样，凶巴巴的，而且还心不在焉……"

学生是多么敏感啊，是多么在乎教师的一举一动啊！在他看来，教师的微笑应该像阳光照耀万物般洒向每一位同学。这微笑也许是教师对优生喜爱之情的自然流露，但对于得不到教师微笑的学生来说，其感受大不相同，所以他们认为教师偏心。于是我将这一情况及时反映给了英语老师，让他多关注一下这个学生，多给这个学生一点微笑和爱的鼓励。英语老师照我说的去做了。后来，他悄悄告诉我，这个学生变了，学习劲头足了，回答问题的积极性也高了。我为此颇感欣慰。

在乎学生的在乎，这不仅仅是一种教育态度，更是一种教育理念。它意味着教师真正关心和爱护学生了，真正把学生当作独立意义的人来看待了，也体现了新课程理念所倡导的"一切为了每一位学生的发展"的学生观。爱学生就要在乎学生，这是检验教师是否真正热爱学生的试金石。更为重要的是，在这个过程当中，教师的收获也是非常丰厚的。爱是世界的永恒主题，是哲学的永恒话题。在儿童的世界中，爱是那么简单和纯真，没有杂质，没有奢望。因为没有杂质，所以他们看得清楚。他看到老师叫他回答问题了，看到老师对他微笑了，他学习的劲头就足了，态度也积极了。这些不正是我们教师所缺少的东西吗？儿童的本真快乐不正是可以激发教师的生命热情，激发教师的爱心和创造力吗？

---

① 袁崇福．爱学生就要在乎学生．新课程：小学版，2009(5)：8

第二章

有效教学设计应遵循生命特性

——模式之运用

引言：有效教学模式设计，要遵循生命特性

四年级《滴水实验》第一课时的教学目标：(1)经历提出问题、制定方案、完善方案的过程，初步掌握解决问题前制定方案的方法。(2)在制定方案的过程中，渗透把大问题转化为小问题来解决的数学思想。(3)在经历解决问题的过程中，学会合作、交流、倾听，初步形成反思的意识和深入思考问题的学习态度。

我们看这个教学目标，“初步掌握解决问题前制定方案的方法”怎么理解？如何评价学生是否初步掌握了？还有“渗透把大问题转化为小问题来解决的数学思想”，渗透……思想，作为目标是否合适？“初步形成反思的意识和深入思考问题的学习态度”，一节课能形成什么样的“反思的意识和深入思考问题的学习态度”？等等。

在我们的日常教学中，类似的教学目标很多很多。那么，我们的教学目标应该怎么设计？教学设计怎样才能有效？

在进行教学设计时仅仅关注知识、技能是远远不够的，应该遵循生命特性，关注儿童的基础知识、情感等，还要从教师自身的特点出发，要把学生和教师自己当作“整体的人”来进行合理的设计。

一、建构关注生命特性的教学目标

所谓教学目标是指教学活动主体预先确定的，在具体教学活动中所要达到的，利用现有技术手段可以测度的教学结果。它表现为对学生学习成果及终结行为的具体描述，或对学生在教学活动结束时其知识和技能等方面的变化说明。(1) 教学目标是教与学双方合作实现的共同目标。对教师来说是教授目标，对学生来说则是学习目标，它表现为教师教学活动所引起的学生总结行为的变化，或者说它着眼于教而落脚于学。(2) 教学目标是教学活动预期的结果。这种预期的结果存在于教学实践活动之前，是人们对教学结果主观上的一种期望，它表明教学乃是一种由自觉目的支配的活动。(3) 教学目标是通过教学活动可以达到的结果。相对于教学目的来说，它是具体明确和便于操作的，同时它又是符合学科、班级和学生实际的，所以它体现着教学目的的方向性。(4) 教学目标是利用现有技术手段可以测度的。教师可以编制与各种具体教学目标相对应的测试题目，对教学目标的达成程度进行定性或定量的测度，从而客观地测评教学活动的效果。①

学生的学习不只是知识的增长和技能的掌握，肖川认为在教学目标设定时要考虑到以下多个因素：(1)培养学生健康丰富的个性；(2)切入并丰富学生的经验系统；(3)帮助学生建构人类知识的完整图景；(4)提高学生的需要层次。② 这样才是真正遵循学生的生命特性。

(一)教学目标的定位

要编写出优良的教学目标，首先应对教学目标的构成有一个清晰的了解。教学目标作为一个系统结构，它是由不同的层阶构成的，若依其表述的抽象程度可分为三类：终极教学目标、中程教学目标和具体教学目标。③

终极教学目标是指教学要实现的最终目标，也称为教学的总目标。它居于教学目标的最顶端，对于其他教学目标具有统领和指导意义。但是，终级教学目标提出的仅是几个行为范畴，而不是具体行为，因而不能直接用于日常教学、学习的具体规划，这种目标需要经过很长一段时间并通过各种途径才能达到。

中程教学目标一般是指年级的教学目标和各科教学目标，是终极教学目标的初步分化，是学习者在不同的知识领域里，完成终极教学目标所应做的事情或事项，但在叙述上仍然用含义比较广泛、表达比较概括的术语。所以，仍不能达到具体指导教学的程度，不具有直接可观察、可测量的特点。

---

① 李如密．教学目标与目标教学．中国教育学刊，1997(5)：39

② 肖川．论教学目标．教育理论与实践，1998(6)：55

③ 高艳．论教学目标的设计与编写．中国成人教育，2001(4)：33

具体教学目标一般是指一个教学单元或一个课题的目标，以及一个单元或课题目标之下列出来的具体行为目标。具体教学目标对于教学的指导价值最高，实用性最强。

(二)教学目标的陈述

教学目标的陈述，通常是指教师对课堂教学目标进行分析、加工，并用书面文字的形式加以精确界定。但在教学中，陈述的教学目标往往含糊不清，使人无法捉摸。例如，当教师要求学生掌握“民主”这一概念时，实际上并没有详细规定究竟是让学生对“民主”下定义呢，还是让他列举几个实行了民主制度的代表性国家，抑或是让他剖析某一国家的民主制度是否合理？可见，教学目标陈述得是否清晰、具体，将影响到整个课堂教学效果。

综合上述三个教学目标陈述的方式，欲扬长避短，使教学目标得以有效陈述，归纳概括起来，应具备下列几个条件。

1. 教学目标应该分类、分层表述

教学目标在确定时，除了依据课程标准和教材要求以外，还要依据教学目标分类理论提供的参照系。例如，以美国学者布卢姆为代表的“教育目标分类学”，将教学目标分成认知、情感和技能三大类，其中认知领域是教学目标最为普遍的形式。认知目标按智力水平由低到高的层次划为六级：知识、领会、应用、分析、综合、评价。另外，美国学者加涅的分类标准也值得借鉴。加涅依据人类的学习结果，将人类学习分成：言语信息、智慧技能、认知策略、动作技能和态度。上述两种目标分类有助于教师进行教学任务分析，可以避免目标陈述时的随意性和盲目性。

鉴于教学目标在认知、情感、动作领域方面各有其不同的分类层次或水平，因而，教师在陈述教学目标时就要考虑不同领域的差异。

以人民美术出版社的《义务教育课程标准实验教科书》美术第五册第十五课“彩墨游戏”为例。该课是小学阶段关于国画的启蒙课，如果笼统地将教学目标确定为“了解水墨画的特性，掌握水墨画的基本表现方法。”本节课教学目标的狭隘和含糊其词，会使教学过程的设计关注知识和技能，而缺乏针对性，学生在学习过程中则不得要领，甚至觉得枯燥乏味。但是，将教学目标分类、分层并表述如下，将对后续的教学设计和具体的教学实施有积极明确的指向和统领性作用：“学生认识笔、墨、纸、砚等文房四宝和墨分五色，掌握中锋和侧锋的正确用笔方法以及墨分五色的简单用墨方法，尝试游戏性的国画练习，培养对水墨画的学习兴趣。”

例如，六年制语文第七册“海滨小城”一课，教学目标为：(1)了解海滨小城的美丽、整洁，受到热爱家乡的教育。(2)学习作者观察景物的方法，提高观察能力。(3)学会本课的生字新词，会用“每逢”“甚至”造句。(4)有感情地朗读课文。[①] 该教学目标在陈述时，由于分类、分层不当，给人的感觉是眉目不分，一团乱麻。根据教学目标分类，可以改为：

认知目标：

• 知识：正确读写本课生字新词。

• 领会：说出新词的意思。

• 应用：会用“每逢”“甚至”造句。

• 分析：指出作者抓住了景物的什么特点来写海滨美景的。

• 综合：简要概括作者抓住了小城几处景物来写小城特点的。

• 评价：评价作者按顺序抓特点进行观察的写法。

情感目标：

• 有感情地朗读课文，从中感受家乡美，并激发热爱家乡、美化家乡的思想感情。

经过分类、分层后，新的教学目标层次分明、脉络清晰。

2. 教学目标陈述的对象应是学生学习的结果

目标陈述的应该是预期学生发生的变化，即学生通过教学活动之后，学生的内在能力或情感变化。因此，教学目标不应该陈述“教师做什么”，而应陈述的是“学生做什么”。更不能以“教学目的”来代替“教学目标”，否则就混淆了教师行为与学生行为变化的区别。

因为“教学目的”着眼于教师要教什么，是以教师为主体描述的，而“教学目标”则着眼于学生学习的结果，是以学生为主体描述的。有效的教学目标对教师的教和学生的学均有指向作用，能使教与学的目标一致，把教和学有机地结合在一起。只有当学生的行为发生了相应的变化，才说明教师完成了教学任务。如果教学目标陈述的是教师行为，就可能使教师误以为自己实施了相应的行为，教学目标就已实现。

以往许多教师在陈述教学目标时，常将行为主体表述为“使学生……”“培养学生……” 或“教师给学生……”这样的提法不利于学生主体性的发挥，而且也不

① 阎蔚．教学目标的有效陈述．浙江教育学院学报，2002(5)：75

易区分目标适用的对象是集体性的，还是个体性的。因此，教学目标在表述行为主体时，规范的写法应该是“学生应该”。严格地说，还应明确注明特定的教学对象，例如“小学六年级上学期的学生”。但是在实际编写教学目标时，如果教学对象是非常明确的，直接指向特定学生集体，则通常可以省略。

3. 教学目标陈述的基本结构力争全面、完整

一个规范的教学目标结构应该是由行为主体、行为条件、行为本身、行为标准组成。例如“小学四年级上学期学生能在方格纸上用‘数对’确定位置，正确率超过 80%”。此教学目标中，行为主体是“小学四年级上学期学生”。条件是“方格纸上”。行为是“用‘数对’确定位置”。标准是“正确率超过 80%”。再如“学生(主体)能自读(行为)短文，联系短文内容(条件)说出(行为)每组字的相同点和不同点(标准)”。

(三)教学目标的编写模式

综观国内外研究文献，我们可以发现许多教育学者对教学目标的设计与编写问题曾做过较为深入地探讨。现将最为典型的几种模式列举如下，仅供参考和选择。

1. 三因素法

三因素法是由美国当代著名教学目标研究专家马杰(Mager)博士提出的一种教学目标编写理论。马杰博士认为，一个优良的教学目标应该包括三个要素：“首先，它应当描述预期的学生行为——学生必须做些什么？其次，它应当列举出学生行为得以产生的条件——怎样认可或测验这种行为？最后，它应当给出一个在测验中可以接受的行为标准。”①简言之，马杰的三因素理论认为，教学目标的编写应当反映三个问题：要求学生做什么？根据什么标准去做？做到什么程度才算合格？如果一个教学目标能兼顾到这三个因素，那么它就是一个规范的教学目标。马杰的目标结构理论可用下表示意②：

要　素	主要问题	举　例
学生行为	做什么	用 F 表示事实陈述或用 Q 表示观点陈述
操作条件	在什么条件下	从一份报纸中找出一篇文章
操作的标准	怎么样	75%的陈述是正确的

① Woolfold，A. E. *Education Psychology*. 1995，443～445

② Mager，R. F. *Preparing Instructional Objectives*. 1975

2. 两步法

两步法是由美国当代著名教育学者哥朗兰德(Gronlund)提出的一种目标编写理论与策略。第一步的任务是界定与编写母目标；第二步再依第一步所确定的母目标界定和编写子目标。界定和编写母目标中一个很重要的问题就是要选择适当的概况、抽象水平。这就是说，母目标的表述具体到足以为教学提供方向和指导，但又不能过于琐碎，应使之能包容一些具体的学习行为。母目标的实例如下：

- 知道基本术语
- 理解概念和原理
- 应用原理于新情境
- 评价问题

需要注意的是，母目标的表述要有足够的包容性，以便包含一定范围内的学习结果。另外，每一个陈述中只能包含一个行为目标。如母目标“知道和理解……”不妥当，而应改为“知道……”或“理解……”

子目标的编写和界定要以母目标为依据，列举出能足够表明达到母目标的代表性行为。也就是说，子目标(代表性行为)是衡量母目标达成与否的具体指标。如母目标为“认识植物的生长需要阳光和养料”，要判定学生是否达到了这一教学目标，可通过下列具体的学习行为来判定，这些具体的学习行为或结果就是上述母目标的子目标：

A. 认识植物的生长需要阳光和养料

A1. 列举植物生长所需要的四项要素

A2. 说明花瓶中的花草不能成活的原因

A3. 解释为什么植物会具有向光生长的性质

A4. 用自己的话解释栽培植物必须施肥的原因

这一组教学目标，从其结构看，句子的主语都是学生，只是为了行文方便省略未写。A 为母目标，其内容范围定得比较宽泛。在母目标下的四个单项行为目标(子目标)都含有一个行为动词，诸如“列举”“说明”“解释”等，这些行为动词都能代表可观察的学生行为表现，即学生能够列举、学生能够说明等。同时，教师可以观察到学生是否能够列举、说明和解释等具体行为。

根据以上分析我们可以看到，两步法要求教学目标的阐述应该具备两个特征：其一是详细说明目标内容，也就是说，教学目标应准确地向他人表达或阐明教师的意图，当人们观察了学生的行为或作品后，便能判断目标是否已达到以及达到的程度；其二是用特定的术语描述，也就是说，阐明教学目标所用的描述语言必须是特定的、准确的术语，是可以观察和检测的，而不能用模棱两可的表述。

3. 四因素法(ABCD)模式

四因素法是我国教育学者，根据国内外教学目标方面的研究文献和自己的实践经验概括提出的一种探索性的目标编写模式。这一模式主要涉及四个因素，即主体、行为、条件和程度，如果将这四个因素的英文首字母拼在一起，即为ABCD，因此，人们也称它为ABCD模式。

主体(A，audience，谁？学习者)：教学目标描述的是学习者的行为，绝非教师的行为，不应该陈述教师打算做什么。有的目标阐述成“教师给学生……”或“教师将说明……”都是不妥当的。规范的目标开头应是“学生应该……”

行为(B，behavior，做什么？要求的目标行为内容)：因为我们所言及的教学目标主要是指行为目标，在很大程度上是从行为主义的角度出发的。故此，编写有效的教学目标，必须首先考虑选择最合适的目标行为动词来描述由学生完成的动作或活动，并在行为动词后面跟上所学课题内容的描述。行为动词通常用来描述学生所形成的可观察、可测的具体行为，是学生在学习后所应表现出来的预期行为，如“写出”“列出”“解答”等。行为动词应当明确适当，而不应含糊不清。

条件(C，conditions，在什么条件下?)：表示学习者完成规定行为时所处的环境和条件，通常是针对影响学生产生学习结果的特定的限定或范围而言。同样的行为表现，若是条件不同，行为的性质也将有所改变。如“根据参考书……”“看完第一章后……”“根据地图……”“不用看笔记……”“不需要参考资料的帮助来做……”等。

程度(D，degree，做到什么程度?)：教学所要求达到的质量水平，即学习者对目标已达到的最低表现水准。标准的确立使教师评估学生的行为有了依据。

总之，按照ABCD法的要求，一般课堂教学目标可以写成：“在这堂课完成之后(一般省略)，学生应该……”其编写的步骤是：首先以行为动词开始，描述由学生完成的动作或活动；在行为动词后面接着描述学习课题的内容；如果目标需要达到一定的数值，则在可浏览的项目内容下加上所要达到的最低标准；作为学生必须达到和为了建立评分的条件，要加上进行学习的条件和所要达到的行为标准。

【例】根据参考手册，学生能用正确的格式书写求职信函，无语法和拼音错误。

分析：

A. 学生

B. 书写

C. 根据参考手册

D. 正确的格式：无语法和拼音错误

实践证明，ABCD模式非常适合于广大教师掌握和使用，它不仅流程清晰，易于遵照，而且操作性强，目标分辨率高，不失为提高教学有效性的重要方法和手段。

二、研究作为整体人的学生

作为教师，是以一群活生生的人为工作对象，或是以学生为合作伙伴开展教育教学工作。教师必须将学生作为整体的人来对待，否则无法产生真正的教学。因此，教师首先要认识学生，了解学生。只有在认识学生的智能、情感、精神和意志的基础上，将学生与自己所教授的学科整合在一起，才能在教育的领域中开启真正的教学生活。

(一)在学生作品中读懂学生

1. 在学生作业中读懂学生的思维

案例指引一：我的消费经历

人教版三年级数学上册第四单元《万以内加减法(二)》最后一部分内容是问题解决，根据实际情况进行精确计算和估算。十一假期马上来临，我给学生留了一项作业：记录自己的一次消费经历，包括购物清单，准备多少钱和收银员应收多少钱。作业形式：可以画画或文字记录。以下是两名同学的作业：

第一幅图中学生描绘了一幅与妈妈一起去超市购物的场景，分别购买零食、湿纸巾、调料、面条四件商品，在计算应付多少钱时，学生进行了精确计算，在计算需要准备多少钱的时候，学生进行了估算，把24元、12元、18元、13元分别估算成比它们大几的整十数。

图 1　芳草地国际学校双花园校区三(5)班周乐仪

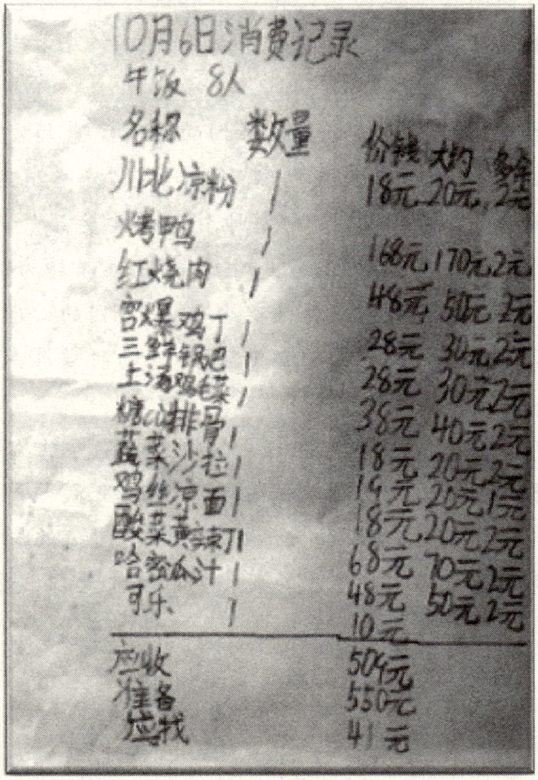

图 2　芳草地国际学校双花园校区三(5)班段钧伟

第二幅图中学生记录了一张午餐消费记录，分别记录了每道菜的数量、价格和估算价格，对于估算价格和实际价格之间的差额也进行了记录，最后计算出应收金额和需要准备的金额。

从以上两名同学的作业中，我们不难看出，学生对于根据具体问题选择适当的解决方法已经基本掌握，对于购物的情境下，学生需要用将价格进行往大估计的方法进行计算，以确保准备的金额足够支付消费金额。

2. 在学生日记中读懂学生的心理

案例指引二：发奖[①]

今天，老师说要发奖品，奖励那些学习有进步的同学。开始的时候，我心里灰溜溜的，还咚咚地跳个不停，心想，可能没有我的份，但眼睛却直勾勾地盯着那些奖品，不安的心情别说多难受了。

突然，老师叫到了我的名字。当时，我还以为是听错了，听清楚后，我从座位上一跃而起，昂首挺胸地直奔领奖台，喜滋滋的心情别说多高兴了。

下午放学，我高高兴兴地回家，把这个喜讯告诉了爸爸和妈妈。做作业的时候，我浑身充满了劲，心想我要再加把劲，做个好学生，用最好的成绩来回报老师。

在被认为可能是“差生”的日记里，详细的描写了老师发奖时他的心理变化过程。从开始的情绪低落“心里灰溜溜的”、紧张“咚咚地跳个不停”，同时也描写了自己对奖品的渴望“眼睛直勾勾地盯着那些奖品”。而当老师宣布有作者的奖品的时候，他先是惊讶“以为是听错了”，继而转为兴奋“从座位上一跃而起”，还有欣喜“昂首挺胸地直奔领奖台”。一系列的心理变化激发了学生学习的内部动机，最终获得行为上的变化“做作业的时候浑身充满了劲”“要再加把劲”。

在描述整个领奖经过的同时，我们也能够感受到学生心理变化的整个过程：情绪低落—紧张—渴望—惊讶—兴奋—欣喜。教师一个小小的举动或者教学设计都有可能对学生的心理变化产生积极的或消极的影响。因此教师应该在平时的教学活动中细心观察学生的变化，以便改进自己的教育教学方案。

---

① 郭思乐．教育走向生本．北京：人民教育出版社，2001：161

3. 在学生作品中读懂学生的能力

案例指引三：二十万投资保值计划书①

计划1：存入银行

银行利率表

存期	年利率(%)
一年	2.35
两年	2.43
三年	2.7
四年	2.88

(1)20万元全部存入银行(两年期)，可得利息20×2.43%×2＝0.972万元。

优点：风险不大，可以获利；缺点：存银行没有大刺激。

(2)15万元存入银行(两年期)，5万元炒股或做其他投资。

可获得利息15×2.43%×2＝0.729万元，两年后共获本息15.729万元。

如果拿5万元买股票：(买10元一股)50000÷10＝5000(股)：

每天最多获利10%，5000×10%＝500元

好运一年获利：5000×365＝182500元

运气一般大概获利100000元

这样两年后净获利大概10多万元

优点：不但可获利钱，还可以玩；缺点：如果炒股的运气不好，不但赚不了钱，也许会亏掉成本(风险大)。

计划2：买股票

(1)把20万元全部拿来买股票，买5元一股，可以买200000÷5＝40000(股)，每天最多获利10%，运气好每天可以获利40000×10%×365×2＝2920000元。两年后大约获利近300万元。

优点：获利多；缺点：风险大。

(2)把15万元拿来买股票，5万元存入银行两年，买5元一股，可以买150000÷5＝30000(股)，每天最多获利10%，运气好每天可以获利30000×10%×365×2＝2190000元。两年后大约获利近200万元。

① 郭思乐．教育走向生本．北京：人民教育出版社，2001：100

5 万元存入银行两年后共得本息：50000×2.43%×2+50000=52430 元

优点：获利多；缺点：风险大。

计划 3：买房

一次付清，八七折 200000×87%=174000 元，剩下 26000 元装修。

每月出租得租金 3000 元，3000×12×2=72000(元)

优点：可以自己使用；缺点：要很久才能赚回 20 万元。

这是一例六年级学生设计的 20 万元投资计划书。学生对于投资的途径、收益、风险都进行了详细的讨论与评估，并且对每种投资方法都做了详细的投资方案，同时还进行了投资的优缺点分析。在这个过程中，我们不难看出学生的各方面能力得以展现：首先，表现在收集信息能力方面，列出了银行年利率列表；其次，表现在分析问题的能力方面，学生通过计算分别列出几种投资方案获利情况，以便进行分析和比较；最后，表现在辩证思考问题的能力方面，客观的分析各种投资方案的优缺点。

(二)在课堂情境中读懂学生

1. 在学生的行为中读懂学生的创新性

案例指引四：美丽的落叶①

一次，我引导孩子们将拾来的落叶组合成新的图画。孩子们有的用冬青叶子作金鱼的身子，用银杏树的叶子作小金鱼的尾巴；有的用松针作小刺猬的身子；有的用水杉树的叶子作孔雀的尾巴；有的用肥厚的黄杨树的叶子作螃蟹的壳；用一小段针形的水杉叶作螃蟹的脚……

而后启发他们用秋叶拼成的图画说故事。孩子们会自然由眼前的形状各异的树叶，联想到一个个小动物，然后又赋予他们生命，赋予他们人的思想情感和语言。拟人、比喻等修辞手法得到自然运用。

在传统的教学中，关于修辞手法的讲解，教师都从概念出发进行讲解，课堂略显生硬，而且达不到应有的效果，儿童很难通过教师的讲解而理解各种修辞手法的含义及运用方法。这种讲授式的方法不符合儿童的思维特点，儿童的思维特点是需要有表象支撑，进而进行想象、描述和表达。李吉林老师在教学过程中从活动出发，引导儿童动手做一做，活动过程中儿童的想象力、创造力得到进一步发展。儿童在充分的表象感知过程中积累大量的经验，

① 李吉林．李吉林文集(卷一)．北京：人民教育出版社，2006：139(4)139～140 引用时略有删减

思维得以拓展。

2. 在学生的发言中读懂学生的积极性

案例指引五：小小的船①

师：如果现在正是夜晚，你坐在院子里抬头看着天空，天上有星星又有月亮。你看着这弯弯的月儿，你觉得它像一只小船，你们听着琴声，（弹《小小的船》的曲子）可以闭上眼，听着，看哪些小朋友想着，想着，好像飞到天上，坐在月亮上了？

生：我飞上去了。

生：我也飞上去了。

生：我好像身子变轻了。

生：我好像腿变长了。

生：我好像坐在弯弯的月亮上了。

师：好，现在你们已经飞上天了，坐在小船里了。让我们轻轻地唱起来。（乐曲伴随小朋友们的歌声）你们睁大眼睛看看，月亮上看到什么？（出示句式：我看见________）

生：我看见星星。

生：我看见人造卫星。

师：星星那么亮，向我眨着眼睛，就可以说是什么样的星星？

生：这叫闪闪的星星。

师：对，“闪闪的”就是一闪一闪的。你们看——（教师走近挂图，启动上面的控制钮，图上的星星一闪一闪）

师：你坐在月亮上，向下看就看见地球，抬头看除了星星还看见什么？

生：我还看见蓝蓝的天。

师：谁能用“蓝蓝的天”说一句话？可以说“蓝蓝的天上有什么”；也可以说“在蓝蓝的天上做什么”。

生：蓝蓝的天上有弯弯的月儿。

生：蓝蓝的天上有星星一闪一闪的。

生：蓝蓝的天上有一朵一朵的白云。

生：小鸟飞上蓝蓝的天空。

生：我坐上飞机，就飞上了蓝蓝的天。

① 李吉林．李吉林文集(卷二)．北京：人民教育出版社，2006：119～121引用时略有删减

生：我将来要坐上宇宙飞船，在蓝蓝的天上给老师打电话。

《小小的船》课文只有四句话“弯弯的月儿，小小的船，小小的船儿两头尖。我在小小的船里坐，只看见闪闪的星星蓝蓝的天”。教师没有仅限于生字教学与课文教学的模式，而是通过一系列教学环节设计激发学生的想象力：想象自己飞到了月亮上—想象自己在月亮上看到了什么？—你看到地球还看到了什么？—蓝蓝的天上有什么？引导学生一步一步进行思考与想象，课堂内容一下子丰富起来。学生争先恐后表达自己想象的场景，课堂参与度也非常高。

3. 在学生的合作中读懂学生的社会性

案例指引六：分工明确，加强合作

在人教版小学数学二年级下册《克与千克》的教学中，课前准备丰富的教学学具，如弹簧秤、电子秤、盘秤等测量工具以及苹果、梨、一袋食盐等物品。教学过程中设计了称一称的环节，要求小组合作称量物品的重量。在活动之前教师提出要求：第一，小组合作分工明确；第二，做好活动记录。下面是一组同学进行小组合作的情况记录。

三名小组成员分工情况为：一名组员称重，另一名组员读数，还有一名组员做记录。活动一开始，小组成员研究弹簧秤的用法；第二阶段两名组员交流记录形式；第三阶段小组三名成员各自负责自己的工作，活动顺利进行。

小组合作学习在教育教学过程中是一种很常用的学习方法，通过小组合作能够加强学生间的交流与互动。小学阶段是小学生社会性发展的重要时期，学生通过与他人合作完成任务的活动来锻炼自己的交流和表达能力，加深对自我、对他人的认识和了解。在积累互动经验的基础上逐步感知社会发展对每个人的需求。

(三)在互动交流中读懂学生

1. 在互动交流中读懂学生间的倾听

案例指引七：谁听见他说什么了？

三年级的数学课：《吨的认识》单位换算练习课。

同学们在做一道填空题：1 吨 600 千克－600 千克＝(　　)千克

教师在巡视过程中发现两种不同的思路，让学生分别展示在黑板上，然后进行全班交流：

(1)先计算，再换算

600 千克－600 千克＝0 千克

1 吨＝1000 千克

1 吨 600 千克－600 千克＝1000 千克

(2)先换算，再计算

1 吨＝1000 千克

1000 千克＋600 千克＝1600 千克

1600 千克－600 千克＝1000 千克

请两名同学分别进行了汇报，然后分别针对每一种方法教师问：“谁听懂他的意思了？谁能再指着算式给大家说说他刚才的意思?”每种方法请三位同学复述、汇报，接着是小组内交流，互相说一说。确保全班每一个学生都能听懂两位同学的意思。

倾听是一种非常重要的学习方法。教师在课堂上要确保学生能够认真倾听并且听懂别人在说什么，就要不断追问一个问题：“谁听懂他说什么了?”促进学生在认真倾听的过程中理解别人所说的话，并转换为自己的思维与语言将所听到的和所学到的再进行表达和复述。在听和说的不断练习中掌握所学知识，强化学生之间的联系和互动，转变教师一个人讲授式的教学模式，丰富教育教学资源，提升学生学习的兴趣和质量。

2. 在互动交流中读懂学生间的尊重

案例指引八：孩子教孩子更容易①

美惠老师在自己所教的班级实行分组“师徒制”。学生们互相“认养”形成一对一的师父和徒弟。成绩较好的是“师父”，必须负担起帮助“徒弟”的重大责任。班上的阿绮是佳佳的师父，非常用心，总是会帮助徒弟设计学习单、帮徒弟画重点，进行课前、课后的预习、复习。可是没过几天，阿绮双眼含泪缓缓地跟美惠老师说，“佳佳总是在看电视，连她妈妈都叫不动……”美惠老师带着阿绮找到佳佳，亲自做示范跟阿绮一起教她的徒弟佳佳，佳佳与阿绮逐渐交流和磨合，阿绮渐渐关注到佳佳的情绪与情感，而不是一味地布置任务与作业，像朋友一样与佳佳交流。考试前，佳佳还主动约师父帮她补课呢！

---

① 林文虎．好老师在这里．北京：首都师范大学出版社，2010：3 引用时有改动

学生之间的一对一“师徒制”对于学习基础较为薄弱的学生帮助很大。然而案例中刚开始佳佳却采取了不配合的态度，对于“小老师”布置的作业一概不予理睬。“小老师”很是苦恼，不知道如何与佳佳相处，最终在美惠老师的帮助下，首先，关注佳佳的情感与情绪，然后，关注学习任务的开展，最后，“师徒”两人合作交流得很好，佳佳对于学习也有了积极主动性。小学阶段儿童对于同伴及同伴群体的需求要从中获得归属感，感觉到被爱、被尊重。

3. 在互动交流中读懂学生间的理解

案例指引九：天上的白云[①]

师：课文中的小朋友，觉得白云像小白羊，你们也观察过白云，你们觉得白云像什么？（出示蓝天白云图，以此为依托，联系儿童的生活经验进行）

生1：白云像一只大老虎，又像一只小白兔。

生2：天上的白云像一只老鹰在捉小鸡。

生3：我觉得天上的白云像一头大肥猪。

生4：我还觉得天上的白云像一头老黄牛。

师：小朋友们已经会打比方了，说白云像什么。谁能再接着说下去？

生1：天上的白云像一只大肥猪在睡觉。

生2：天上的白云像圣诞老爷爷坐着雪橇给我们小朋友送礼物来了！

师：小朋友说得真好，还有谁能跟大肥猪、老黄牛说话？

生1：天上的白云像一头老黄牛在耕地，老黄牛下来吧，天上可没有你耕的地，下面农民伯伯正等着你耕地呢？

生2：天上的白云像一匹匹小白马奔驰而去，小白马啊，下来吧，我想骑着你上天去。

课堂教学中，李老师抓住学生的想象力，请学生根据白云像“老黄牛”“大肥猪”为讨论话题，请学生继续发挥想象力进行描述。学生要在认真倾听前一个发言者的基础上，理解“老黄牛”和“大肥猪”的比喻，并且进行再次创作和加工。李吉林老师的两句追问从学生的角度出发，把思考的空间和时间还给学生，实际是加强了生生互动交流，强化学生之间的互相理解与学习。

三、研究作为整体人的自己

教学是一门艺术，有好的教师才有好的教学。作为教学工作中的主要参

① 李吉林．李吉林文集．北京：人民教育出版社，2006

与者之一，教师时时刻刻经历着教学中的痛苦与快乐，体验着教学给自己带来的激情与困惑。教学是复杂的，帕克·帕尔默(Parker J. Palmer，2004)指出教学不论好坏都发自教师的内心世界，教师始终会把自己的灵魂状态，教师所教授的学科以及师生共同的生存方式无形中传递给学生。因此，教师研究作为整体人的自己与认识学生和认识自己所教授的学科同样重要，而认识学生和学科主要依赖于教师对自我的认识，教师对自己的认识不够清晰，难以了解学生的个性及需求，也无法深入了解和把握自己所教的学科。

(一)自我认识

要充分了解自己，必须把握三种必要的通道——智能的、情感的和精神的。[①] 智能是指如何思考教与学的方法。情感可以理解为教学过程中教师与学生的感觉方式。精神是教师对教学工作以及对生命的热爱。

1. 凭智能了解自己——明确自己的知识和能力

(1)了解自己的知识水平。

教师是教学教育活动中的重要部分。教师向学生传递人类积累的文化科学知识和进行思想品德教育，把他们培养成社会需要的专业人才。[②]教师要通过与学生的有效互动与交往从而达到促进儿童的成长和发展。因此，教师首先要对自己的知识水平有一个清晰的了解和认知，才能有效地将人类积累的文化知识以有效的、合理的方式传递给学生。关于教师的知识结构，不同的学者进行了分类。舒尔曼(Shulman，1986)将教师的知识分为学科内容知识、一般教学法知识、课程知识、学科教学法知识、有关学生的知识、有关教育情境的知识、其他课程知识等不同的部分。申继亮和辛涛(1999)将教师知识分为本体性知识、实践性知识和条件性知识。[③] 本文主要对教师以下几个方面的知识进行讨论。

①学科内容知识，在生活中经常有人对小学教师做出这样的评价："小学教师，谁都能当，以前的小学教师只要小学毕业就能当"；甚至在教师队伍中也有类似的看法："只要把书本上的东西弄明白就可以了，小学教师不需要什么专业不专业的。"在教育现代化的改革进程中，教师必须对自己所教授的学科基础知识达到深入了解，才能在课堂上深入浅出，把握自己所教授的课程

① [美]帕克·帕尔默. 教学勇气. 上海：华东师范大学出版社，2004：5

② 董纯才. 中国大百科全书·教育. 北京：中国大百科全书出版社，1985：146

③ 陈琦，刘儒德. 当代教育心理学. 北京：北京师范大学出版社，2009：81

内容在整个学科体系中的位置，才能够居高临下，游刃有余。

②教学法知识，对小学教师来说，掌握教育科学的专业知识和一般的教学方法及理论是非常必要的。要学习小学儿童教育的基础理论，包括小学教育学、儿童教育心理学、小学各科教学法的知识。通过学习，了解并掌握小学教育、教学工作最基本的原理和方法。对于教学方法理论的学习和掌握不仅仅停留在理论层面，还要具有理论联系实际的意识和能力，能够将所学的理论知识用于解释教学现象，指导自己的教学工作。同时在了解自己所教授的学科特点的基础上掌握相应的学科教学法知识，针对不同学科的内容和结构特点，采用不同的教学方法，教学实施过程才能更有效。

目前小学常用的教学方法有：讲授法、谈话法、讨论法、实验法、实习作业法、练习法、参观法。随着教学实践的改革与推进，又有了新的教学法：发现法、探究研讨法、纲要信号图示教学法、暗示教学法、非指导性教学法。

③课程知识，作为课程的设计者与实施者，教师要学习课程理论基础，了解课程的基本范畴，课程设计和编制的主要目标、方法，课程与教学的关系等。小学教师尤其要对小学的课程结构，不同类型的课程结构进行分析与理解，熟悉课程设计的层次与模式，在课程实施的过程中认真落实课程计划，面向全体学生，保证所有学生在不同层面上得到发展。

④有关学生的知识，小学教师的工作对象主要是小学阶段的儿童，教师要了解儿童发展的规律，明确教育与儿童发展的关系。在实际工作中把握社会对儿童发展的需求，理解儿童身心发展特点，切实做到在儿童整体发展的基础上促进儿童的发展。

除此之外，教师还要具备有关教育情境的知识和其他人文及社会科学的综合知识，才能够在教育教学工作中游刃有余，在教师专业发展道路上展现自己的生命精彩。

(2)认识自己的能力水平。

教师要具备一定的教育能力，并且要认识自己的教育教学能力水平，才能保证自己的工作顺利完成，保证学生的学习效果。[①] 关于教育专业能力，主要包括以下几个方面。

①教学能力，是教师专业能力中的基本能力，它包含了教学的诸多方面：深入学习教材，有效制定教学目标，编制合理的教学计划，选择恰当的教学

① 叶立群，田本娜．小学教育学．福州：福建教育出版社，2005：98

方法，教学过程实施中精准的语言表达能力和课堂教学中观察学生反应的能力，及时反馈学生的能力，对学习进行有效测试和评价的能力。

②组织管理能力，教师面对一个班级的学生，少则二十左右，多则四五十个学生，如果教师没有一定的组织管理能力，教学秩序难以维持，教育教学工作难以有效开展。从教学的过程来看，教育的组织管理能力主要体现在：教师的凝聚力、号召力，掌握一套科学的管理方法组织班级集体、指导学生自我管理，有效地组织同学开展各项学习活动。

教师组织管理能力的发展主要来源于教师在学生心目中的威信。对于一些教师用高压手段来树立自己威信的做法是不可取的，这种威信只停留于表面，没有做到真正赢得学生的尊重与信任。教师要发挥自己的人格魅力，凭借对学生的爱心、耐心采用有效的方法来建立自己的威信，发展自己的凝聚力和号召力。

③教育科研能力，是教师改进自己的教学，增强教育教学有效性的必备能力。教育工作并不是一成不变的。首先，教育对象是不断变化的，教师要面对不同的学生，学生之间既有共性也有个性，没有一套固定不变的格式可循；其次，我国的学校教育一直处于不断发展与改革的进程之中，在这种形势下，教师的教育科学研究能力显得尤为重要。

教师要善于发现和提出问题，具备分析问题和解决问题的能力。同时，教师必须掌握教育科学研究的基本方法，并且把它应用到自己的实际工作中。此外，教师还要投入固定的时间和精力来对自己的教学工作进行专门的反思与研究。

2. 凭情感认识自己——发掘自己的教学风格

雷朱里(Joseph S. Renzulli)和史密斯(Linda H. Smith)认为：教学风格即教师所偏爱的教学方法，它很少因教学内容、教学对象的变化而变化，表现出持续一贯的稳定性和鲜明的个性特点。[①] 教师作为一个人，有自己的个性。在教师的个性特征之中，有些特征对教学活动有重要的影响。结合自己的个性品质发展自己的教学风格是十分重要的。[②]

无论哪个研究领域，一旦提及风格问题，往往有深层的心理学基础。心理学中将人的气质类型分为多血质、胆汁质、黏液质、抑郁质四种。从教学风格来看，多血质的教师一般表现为热情乐观、感情充沛，与学生关系融洽，

---

① 李如密．教学风格论．北京：人民教育出版社，2002：24

② 陈琦，刘儒德．当代教育心理学．北京：北京师范大学出版社，2009：81

教学语言生动，教态具有表演者的气质和风格等；胆汁质的教师一般表现为教学中思维敏捷，教学语言流畅顺达，而且语速快，滔滔不绝，对学生热情相助，感情外露直接，不容易抑制，教学过程按序进行，但缺乏灵活性和新颖性；黏液质的教师一般表现为教学逻辑严谨，说理能力强，教学扎实，一板一眼，富有实效；抑郁质的教师一般表现为重视事实和推理，反应速度不快，但很少出错，喜欢使用抽象、概括的语言，教态稳重，给人一种信任感等。①

黑尔(Heil，1960)等根据教师的性格特征将教师分为烦躁型、胆怯型和高度整合型，并将这三种类型和学生的学习效果联系起来进行研究，结果发现烦躁型的教师只对那些奋斗型或顺从型的学生有效果；胆怯型的教师在三类教师中效果最差，只对奋斗型的学生有效；高度整合型的教师则对各种学生都有效，尤其是对于焦虑的和怀有敌意的学生，这类教师具有明显的优势。② 此外，还有学者根据教师的个人信念将教师按照具体—抽象倾向对教师的教学风格进行划分。

在具体教学环节层面，邓恩(Dunn)夫妇认为，教师的教学风格可以分解为：教学设计、教学方法、学生分组、课堂环境布置、教学组织、评价技术、教学管理和教学思想八个方面。八个不同要素在不同个性的教师身上的不同组合，就构成了教师独特的教学风格。③ 因此教师首先要了解自己的个性，把握课堂环节，逐步形成自己独特的教学风格。

3. 凭精神认识自己——铸造我们的学科

好的教学源于教师对自己内心的自我认同，这是教师的理想教学状态，也是大多数人选择教师职业的原因。但是就现状来看，随着教学生涯延续，多数教师因为教学任务繁重，已经在现实的工作中迷失，将自己置于一种教学与心灵相分离的状态，遭受着解体的痛苦。我们在艰难前行的同时要反思自我，要面对精神生活带来的挑战。在整个教育教学生涯中研究教学，研究我们要教的学科。对于学科课程的认识与自我意识的反思可以帮助我们重拾教学的信心与勇气，投身于热衷的教学事业。关于教师如何在自己的工作中开发和整合课程资源，主要有以下几个方面。

---

① 李如密．教学风格论．北京：人民教育出版社，2002：6

② 陈琦，刘儒德．当代教育心理学．北京：北京师范大学出版社，2009：86

③ 李如密．教学风格论．北京：人民教育出版社，2002：24

(1)更新课程观念。

课程观最传统的要数“课程是知识”的基本观点，在全世界的范围内，近代课程体系主要是在这种观点影响下建立起来的。知识本位的课程非常强调课程计划(教学计划)、课程标准(教学大纲)、教科书，主张知识是既定的，学生主要是学习的接受者。目前我国中小学普遍实行的学科课程及相应的理论就是这种观点的具体体现。学习过程主要关注学生的认知过程，小学阶段的各门课程在知识总量上较多，知识系统庞大，学生在知识掌握上获得了提升，但是在能力发展上却不尽如人意。

随着社会的发展和课程改革的不断推进，课程越来越关注学习者的体验和理解。只有学生的认知与知识发生了相互作用，知识才真正成为课程。经验本位和活动本位的课程观逐渐发展起来，作为小学教师，首先要在观念上更新，以知识本位的课程观要转化到经验、活动本位的课程观念上来，以更加符合学生身心发展的课程理论为依托，倡导新的课程观念。

(2)明确课程基本关系。

课程究竟是应该呈现给学生足够的知识储备，还是通过传授知识来发展学生的各种能力?① 这是小学课程中必然要回答的问题。教师要明确课程中知识与能力的关系，在现有课程体制下为学生提供更多的积极开放的机会，让学生在掌握知识的同时，能够获得能力的提升。

目前我国小学的课程大部分是以直接讲授的方式呈现给学生，在此过程中，学生学习过程中主要以记忆、理解、接受为主，教师将前人的知识结果传授给学生，学生获得的是他人的间接经验。著名教育家杜威创办的实验学校中没有传统的学科课程，学生主要是通过活动课程获得直接的体验和经验，从而在知识和技能上获得提升。明确了直接经验与间接经验之间的基本关系，教师可以在现有的学科课程基础上做出初步的创新与尝试。

第二次世界大战以来，自然科学得到迅猛发展，自然学科在各自的发展领域里达到了前所未有的高度和深度，在教育上的反映就是分科课程的出现。但是对小学生来说，世界本来就是整合的、互相联结的，割裂的教学内容和教学方式不利于学生认识事物之间的共性和普遍规律。教师要加强课程实施的综合化，如以科学、品德与生活、品德与社会、综合实践课等综合性课程，整合语文、数学、英语等学科知识，以更符合学生个性完美发展的方式呈现。

---

① 黄济，劳凯声，檀传宝．小学教育学．北京：人民教育出版社，2009：178

(二)自我反思

1. 巩固自己的优势

(1)明确自己的优势。

教师在明确了对自己的认识之后还要明确自己的优势所在，以期更好地胜任教育教学工作，以更好的状态陪伴学生健康发展。

首先，在专业知识方面，教育教学的基本理论和专业学科知识理论是每个教师在入职之前的必修课。根据我国目前小学分科教学的基本现状，教师在自己的工作范围内都会有专科教学，自己所教的学科专业素养会普遍优于其他学科。

其次，在教师专业技能方面，根据教师的学科背景、执教经历不同，在专业技能上会存在一定的差异。如新入职的教师由于在学历层次上可能会优于老教师，因此在科研意识和科研方法上会有一定的潜质；同时老教师在一线的工作经历丰富，在教学能力、教育管理方面会有自己独特的方法与管理视角。

最后，教师个性品质、教学风格层面因人而异，每位教师都要有善于发现自己有利于教学的个性特征与教学风格的意识，有助于自己教育教学工作的开展和教师个人专业发展。

(2)巩固自己的优势。

在明确自己优势的基础上，教师要采取相应的方法将自己的优势得以巩固和发扬，提升自己的同时，惠及他人。

针对自己专业知识方面的优势，教师要采取适当的方法保持领先。理论的学习始终是教师职业发展的基础。教师在工作中要善于学习理论知识，保持思想的先进性。例如，可以从学习时间、学习内容等方面制订具体的学习计划并加以实施；同时做好理论学习笔记并结合自己的教育实践做出反思与改进措施。

对于教师专业技能优势的巩固，对于自己的教育教学能力和组织管理能力的优势提升，需要教师做出实践的反思与讨论，上升到理论层面。科研能力的巩固与提升需要进一步的理论学习，学习教育教学先进理念及科研方法，有效地运用到教学工作当中。

相对于教师的专业知识与教育能力，教师的个性品质与教学风格相对稳定，教师作为专业人才要有极强的自省意识，不断反思和发现自己的有利于教师角色的品质特征，并在日常工作生活中加以强化和发展。

(3)巩固教育实践。

明确自己的优势和巩固发挥自己的优势固然重要，但从教师专业发展的角度来看，对自己所采取不同方法、措施改进教学之后的教学效果评价同等重要。教育教学质量是否有所提升，学生能力是否得到更好的发展，教师的工作和生活状态是否得到优化等方面都可以作为自我评价的维度来检验教师在工作中所作出的努力和调整。

2. 避免自己的不足

(1)明确自己的不足。

教育越来越强调人的发展，这无疑对教师也提高了要求，教师的专业化越来越受到人们的重视。每个教师在努力使自己具备极强的专业化优势的同时，必然也会存在一些方面的不足之处。

在教师专业知识方面，理论知识一般在教师获得职业资格之前就进行了系统的学习和培训。然而在实际工作中，课堂情况受到各种因素的影响，但这些情况并没有出现在理论学习中。因此，在教师队伍中，无论是新入职教师还是经验丰富的老教师，理论学习与实践工作相互脱节是普遍存在的一种现象。

教育能力方面，不同的教师工作侧重点不同，需要从多个角度来思考自己存在的不足之处。以教学技巧为例，如不同学科的教师需要的特殊教学技巧也不尽相同。语文教师需要熟练掌握识字教学技巧、阅读教学技巧、写作教学技巧，教师要明确自己在哪个方面存在不足。数学教师则要了解自己是概念教学技巧需要提高，还是技能教学技巧需要调整，或是问题解决教学技巧需要优化等。无论是哪个学科的新入职教师，在课堂教学环节、教学质量方面都存在不足，主要是因为一般教学技巧掌握不熟练而导致。

在个性品质与教学风格方面，有部分教师往往忽略了自己本身对教学工作的影响，只关注到工作内容、方法等方面。如前文中有所提及，胆汁质的教师教学风格往往缺乏灵活性、新颖性；而抑郁质的教师教学中反应速度不够快。由此可见，教师的个性特征会在一定程度上影响自己的教学风格。

(2)避免自己的不足。

教师通过自己高度的职业敏感性意识到自己的不足，在繁忙的工作之余有计划地进行改进与避免不足是十分重要的。

关于理论与实践的相结合过程，需要教师将自己所学的理论知识转化为工作中能动的知识，这一过程可以通过对教育现象的解释和解决问题来实现。例如，某生总在课堂上搞怪、不听讲、扰乱课堂秩序，有的教师会认为他是为了引起教师的注意，这就是用理论来进行解释；接下来教师会观察等待学生的正常表现，并通过一系列教育手段对他良好的行为加以强化，这就是解决问题。也有些教师会直接制止或谴责该学生，反而会强化学生的这种不良行为，这就是缺乏理论知识的表现。

在教育能力方面，以掌握教学技巧为例。关于特殊的教学技巧，教师要通过理论与实践两方面的学习来获得。首先要对自己所教学科的知识体系有整体、系统的把握，明确自己所教的知识在学科体系中的地位和作用；同时还要学习教学教法，才能在学科教学中把握有效的特殊教学技巧。关于一般教学技巧，肯尼斯·莫尔(Kenneth D. Moore，2010)将一般教学技巧分为教学之前、教学之中、教学之后的技巧，新入职教师可以通过提升这三个阶段的教学技巧来掌握一般教学技巧，教学之前的技巧关键是提前做好计划；沟通交流能力是提升教学之中技巧的关键；而教学之后需要对自己的教学做出分析和评估。

关于如何避免自己性格特征中不利于教学的因素，自我分析不失为一种有效的方式。教师在工作之余做出自己的个人特征列表，这对于教授任何年级的教师来说都能最大限度地避免自己个性特征对教学的不利影响，同时对于处在教师职业生涯任何阶段的教师来说都不失为一种有效的方法。

(3)改进不足的自我评估。

教师要对自己在避免不足过程中所作出的努力和效果进行自我评估。可以采用自我反思与教育日志的形式对自己的教育教学工作进行记录、整理，对自己的经历有一个纵向的比较，反思不足，总结提升有效的改进措施，促进自己的教师专业化发展。

(三)自我突破

1. 充分利用外界资源

(1)整合社会资源，促进专业发展。

教育是社会发展的基石，同时社会需求又对教育要培养什么样的人才提出了目标和要求。教师要明确教育与社会需求紧密相关的联系，从而积极从社会中寻求自我发展的支持与动力。专业的教师培训学校、教师职业发展学校、继续教育学校、教师专业发展网络交流平台等多种形式的资源都是支撑教师不断获得自我提升与开展职业培训的原动力。教师要充分利用和整合社会资源，不断进取，谋求促进自我专业发展和推动社会不断进步的双赢局面。

(2)抓住身边资源，提升能力水平。

教师的个人专业化发展道路是以校园文化环境的建设为阵地，教师共同体专业化发展道路为依托而逐步建立起来的。因此，教师要积极参与到校园文化建设的各个环节当中，获得能力提升，促进学校发展，服务学生成长，达到人的发展与校园文化建设的和谐统一。秉承“合作与发展”的理念参与“教师共同体”的各项活动：研讨课题、分享资源、交流经验，提升自身业务水平，突破发展瓶颈；集思广益、博采众长、形成合力，增强集体荣誉感，实现共同发展。

(3)开发隐形资源，挖掘自身潜力。

合理开发家校合作资源，有效利用学生资源是推动教师专业发展的隐形资源。掌握合理有效的家校沟通方法，开启顺畅的家校合作模式是教师开展有效的教育教学工作的隐形推动力。获得家长的支持和理解是教师实现教育目的的前提，是推动学校发展的保障，是促进学生成长的动力。把握儿童身心发展普遍规律，合理开发利用学生资源，是教师实现教育梦想的有效途径。以人为本体现了教师“理想与现实高度统一”“帮助他人，成就自己”的教育理念和工作意义。

2. 积极寻求帮助

(1)把握教学资源。

在教师专业发展的道路上，教师自己寻求帮助与社会为教师搭建的学习平台同等重要。在具有主观发展意愿的基础上，教师要积极寻求帮助，获得发展。前文中所提及的社会资源、家校资源、学生资源等都需要教师发挥主观能动性去发现、整合、把握、利用这些资源，通过具体的学习和反复的实践才能将科学的理论与先进的观念内化为自己的认知，进而用这些思想指导自己的教育教学工作，并且不断进行完善和改进，甚至要经历反复和停滞，获得最终的进步与发展。

(2)主动寻求帮助。

古人云“术业有专攻，闻道有先后”，教师行业具有鲜明的职业特征，教师的职业生涯也具有明确的发展阶段。子曰：“三人行，必有我师”，无论处于哪个发展阶段的教师，都要重视身边实实在在的学习榜样和资源，教育家和教育名师的成长历程固然极具说服力和权威性，但是教师的发展也离不开具体的成长环境。身边的同行及同事总能给予我们最生动、最丰富、最真实的教育理念及教育方法，鲜活的教育案例往往能带给我们最震撼心灵的触动和最深入透彻的思考，经历观念与价值的颠覆，直接引发教育行为的完善与改进。

3. 克服困难心理

(1)应对职业倦怠。

教师在长期工作压力情境下，会逐步形成一种情绪耗竭、去人性化和成就感低落的现象，也就是通常所说的职业倦怠。长久以来，教师的职业倦怠不仅制约着教师的专业化发展，同时也对教育的整体发展产生了不良影响。教师肩负着“培养社会人才，推动社会发展”“践行教育改革，发展人类文明”的历史使命，每个教师都有义务和责任积极应对职业倦怠，善于调节心理状态，丰富自己的精神生活；增强教师角色适应能力，提升教师专业素质。树立正确的职业观念，全身心地投入教育事业。

(2)克服内在困扰。

教师的个性特征在很大程度上影响着教师的教育观念和教育教学行为。教师的某些不良个性特征会对教师的专业发展产生消极影响，甚至会影响到学生的健康成长，因此，从职业道德层面来讲，教师必须有意识地控制某些自身因素给自己工作带来的不良影响。针对工作中的某些不良情绪，教师要积极寻找原因，化解工作中的焦虑、抑郁甚至烦躁情绪；培养广泛的兴趣爱好，享受美好生活，优化生命状态，传递生命能量，保证教育教学工作的质量。

四、基于儿童学习的教学设计原则

21 世纪是一个充满竞争而又相互依赖的时代，面对这个复杂多变、信息浩瀚的世界，我们人类应能够呈现这样一种姿态：心胸广阔、知识渊博、精神焕发、品质高尚、善于情感互动。为了实现这种理想，在进行教学活动时教学工作者应以儿童学习为出发点。这是因为情感与认知是人类精神世界中两个不可分割的有机组成部分，彼此是融为一体的，也是“完整的人”应具备的两个方面。然而为了培养“完整的人”，教师必须采取有效的方法来促进儿童的变化和学习，培养他们适应变化和如何学习的能力。为了实现这样的教学目标以便更好地为当代信息社会的教学服务，教学设计应以儿童学习理论为指导，遵循以下几个方面的教学设计原则。

（一）以儿童为中心，重视个人意义的学习

在适当的条件下，每个人所具有的学习、发现、丰富知识与经验的潜能和愿望是能够被释放出来的。由此，我们在进行教学设计时，应充分信任学生的潜在能力，以他们为中心，激发他们高层次的学习动机，从而使他们能够对自己进行教育，最终把他们培养成“完整的人”。

我们在进行教学设计时，要十分重视学生个人意义的学习。这里所说的意义学习是指一种使个体的行为态度、个性以及价值观发生重大改变的学习，它关注学习内容与个人之间的关系。它又包括四个方面的因素：第一，学习具有个人参与的性质，即人的情感与认知全部投入学习活动，这是进行有意义学习的前提；第二，学习是自我发起的，这充分展示了个体在学习中的地位；第三，学习是渗透性的，这意味着学习能使学生的行为、态度，乃至个性都发生变化；第四，学习是由学生自我评价的，这说明学生自己对有意义学习起着重要的作用。由此，只要学生具有了学习的中心地位，他才能全身心地参与学习活动，才能自觉地、深入地进行学习，才能有意识地进行自我评价，从而促进教学活动得以顺利进行。

（二）创设真实的问题情境

创设真实的问题情境是基于遵循生命特性的教学设计的首要任务，它是一种支持学生进行意义学习的各种真实问题的组合。如果要使学生全身心地投入学习活动，就必须让学生面对这些有意义的或有关的问题。但在当今我们的教学活动中，学生与生活中所有的真实问题还存在着很大的隔阂，这对学生的意义学习造成了很大的损失。为此，如果我们希望学生成为真正自由的和负责的个体的话，就应该为他们创设各种真实的问题情境。

那么，我们在进行教学设计时，该怎样创设真实的问题情境呢？第一，教师要能发现一些对学生来说是真实的同时又与教学活动相关的问题。第二，教师要切实激发学生的学习动机，引导学生挑战各种复杂的问题情境。第三，让学生进行角色扮演，模拟在真实问题情境下的各种角色行为，以便将来在真正问题的情境中得心应手。第四，如果有条件的话，应让学生到第一线去，让他们直接面临社会各行各业人员所面临的问题。

（三）倡导合作学习

合作学习是通过两个或两个以上的个体在一起从事学习活动，互相促进，

以提高学习效果的一种教学形式。遵循生命特性的教学设计十分强调这种形式，因为这种合作学习不仅包括学生之间的合作，也包括师生之间的合作。并且它不仅仅是学习信息的交流与合作，还是语言的表达、思想的沟通、心灵的碰撞、性格的磨合，从而培养学生的组织交往能力和独立学习能力，促进自我概念的发展和集体主义观念的形成。

那么，要实现合作学习这种教学形式，在进行教学设计时应考虑以下几个方面的情况。

第一，采取同伴教学与分组学习的方式进行合作学习。同伴教学是促进学生之间合作学习的一种有效方式。罗杰斯经过一系列的实验得出了以下一些结论：大多数被指导者的专业课技能有所提高，并且他们表现出更强的自信、更强的学习动机，改变了对专业课的态度；个别指导者抱怨没有足够的时间从事指导工作，但增强了自我确信和承担责任的意愿。分组学习也是学生之间合作学习的一种有效方式。这是根据学生的意愿，把他们分成自我指导和传统学习两个小组。因为学生是自由的，那么他就有主动学习的自由和自我发起学习的自由。在他们进行学习时，可以自由选择小组，也可以自由进出。这样，学生可以根据自己的个性和兴趣与志趣相投的伙伴进行合作学习。总之，同伴教学与分组学习都是学生之间互相合作学习的方式，都是为了促进学生适应变化和知道如何学习。

第二，为了使学生在自由学习氛围内保证学习的效果并对学习承担责任，我们可以采取师生合作方式——使用合约。即教师在每门课程的开始几节课里与学生制定学习合约，如决定合约的期限，学生收集资料和信息，教师在学生的学习过程中给予一定的反馈帮助等。这种合作学习方式能促使学生对自己的学习过程负责，进一步促进其有意义学习。

第三，在进行合作学习时，合作双方应做到资源共享、相互尊重、相互信任和相互理解。即使在面对困难时，双方也应携手并进，共渡难关。这样我们才可以真正培养出能够适应任何变化和知道如何学习的人。

(四)精彩在学习过程中生成

遵循生命特性的学习是一种在教师帮助下的自我激发、自我促进、自我评价的过程。在这种学习过程中学生不仅获得了知识，形成了学习方法，而且培养了健全的人格。因此，基于生命特性的学习过程是自由开放的，是依靠学生根据自己的个性来选择学习路径的。

在当今信息化时代，先进的教育观念和先进的科技成果相结合的学习资源日益增多；改善学习的人文环境，给学生以充分的学习自由的口号日益增多；日益竞争的社会对复合型人才的要求越来越高等。这些现象的产生促使教师在进行教学设计时，必须考虑到要给学生充分自由的发展空间，必须开放所有的学习过程，使学生能顺应当代学习生活的变化，最终得以自我实现。

对于21世纪的教师来说，角色由知识的传播者转变为学生学习的促进者和帮助者，这是学习过程开放的一个重要前提条件。那么作为促进帮助者的教师，他应该怎样在教学设计中开放学生的学习过程呢？首先，教师要让学生认识到他们的学习内容与自身的关系，使其发现他们学习的内容能够保持和发展自我，进而激发他们的学习热情和动机；其次，在学生自我激发之后，教师应让学生的情感与理智全部投入到实际的学习当中去，让学生积极主动地探究知识的奥秘，使学生自我促进学习，提高自身的学习积极性和学习效率；最后，对学生学习结果的评价也要采取开放的态度。教师应让学生进行自我评价，把他人的评价放在次要地位。这样才能有助于发展学生的独立性、创造性和自主性。实际上，自我评价是学习过程的出发点和归宿，因为学生的自我评价是使自我发起的学习能变成一种对自己的学习负责的主要手段之一。由此，教师应发展学生的自我评价能力，以使学生适应未来社会开放变化的学习活动。

(五)加强师生情感互动

关注生命的教育追求认知与情感的结合，极力突出情感在教学活动中的作用，以便能形成一种以认知与情感之间的协调活动为主线，以情感作为教学活动基本动力的教学模式。如果我们在教学活动中师生之间以一种真诚的互相认同的态度去传送情感，这将较好地增强教学效果，学生的个性能得到充分的展示，从而促进学生的意义学习。

然而，为了促进学生适应变化和学习，教师在进行教学设计时该以怎样的心态来与学生情感互动呢？第一，我们要摆正师生之间的关系。在教学活动中，师生的关系应是“主体与主体”之间的关系，即师生之间要相互认可、互相欣赏，同时以平等的、朋友式的关系进行交往。第二，充分利用电教媒体，创设真实情感境界。信息化时代的到来为我们的教学设计提供了丰富的教学资源，教师应充分利用好这种资源，把自己的情感转移到学生身上，为我们的教学活动增添一份欢乐，为加强师生之间的情感互动打下坚实的基础。

第三，解除戒备心理，交朋友组建小组。最有效的情感互动莫过于形成一种有意义学习的气氛，能促使学生实现自我的个人意义。交朋友小组正是促进实现这种目的的一种有效方式，它能给人以深刻的学习印象，增进人与人之间更直接的交往、相互之间的理解，从而提高学生自己适应真实场景变化的能力。

(六)充分整合各种学习资源

学习资源，狭义上是指可资学习之源，包括支撑教学过程的各类软件资料和硬件系统；广义上它还包括一切可为教学目的服务的人、财、物，且由学习材料与教学环境两大类组成。与传统教学相比，遵循生命特性的学习强调教师应把大量的时间放在为学生提供学习所需要的各种资源上。因为当学生觉察到某些学习资源与他自己的目的有关时，意义学习便可以发生；当某些学习资源有悖于学生自己的看法时，学生的学习往往受到抵制。

因此，我们在进行教学设计时，应考虑以下几个方面：首先，教师应具备使用信息系统、获取信息、分析信息、加工信息、利用信息的能力。这为教师方便地利用各种学习资源提供了可能。其次，教师应主动向学生介绍自己拥有的知识、经验、特定的技能和能力，以便学生及时获得帮助。最后，建立虚拟学习社区，从网上推选一些学习、生活经验丰富的人，让他们来解答学生关心的一些问题。

在当今信息社会，人们非常强调个人价值的实现，追求以人为本的处世哲学，这给我们教学工作者提出了新的要求。因此我们在进行教学设计时应当遵循以上六个原则，真正培养出能够适应变化和懂得如何学习的学生，最终使他们成为“完整的人”。

第三章

有效教学实施要尊重生命主体

——模式之实施

引言：关注儿童学习体验，突显生命主体，达成有效教学

在小学的课程中，我们不难发现很多课都涉及了学生真正去体验的环节，通过自己的体验来完善自己的认知。比如美术课上让学生设计靠垫，为了让学生理解靠垫到底有什么作用，理解靠垫的风格和色彩要与家具相适应，教师采取了情境再现的方式，展示三种不同类型的房间，请学生根据房间家具的风格设计相配的靠垫。同时，教师还设计和制作了便于学生操作的靠垫材料。教师的教学设计和实施都是以学生为课堂的主体，让学生在体验的基础上设计创作，理解靠垫设计的意义。学生完成设计制作后，教师让学生把靠垫作品摆放在座椅或沙发上，以体验作为设计师的感觉。

一、关注学习体验，突显生命主体

(一)学习中的体验

《辞海》中对体验的解释是“通过实践来认识周围的事物，亲身经历”，这是一般性的说明。具体到学习中的体验，可以做更具体的理解。所谓“学习中的体验”是指学生在学习中通过感官以及自己身体行为直接感知客观对象，并思考认识现象本质的过程；也指从中获得的经验。从体验的对象看，学习中的体验有针对认识对象产生的体验，也有对学习本身产生的体验；从获取体验的方式看，学习中的体验既可以从具体体验——感知中来，又可以从抽象概括——领悟中获得。

学习中的体验具有自身的特点。

第一，学习中的体验具有内生性。学习中的体验是学生在经验获得和行为变化过程中的心理感受、情感体验、认知领悟以及反省内化，可见学习中的体验是学生发自内心的、内在的感受、发现和体悟。而且，学习的体验及其积累体现证明了学生个体生命的存在和成长。

第二，学习中的体验具有整体性。体验的整体性有两层意思：其一，学生个体在学习体验时必然综合运用知识与情感，运用思维与直觉；学习中的体验不仅有对客观对象的态度体验，还有学生个体知识的增长、检验、批判和修正；学习中的体验是注入了学生生命意识的经验，是学生个性化了的知识；通过体验，学生个体能生成具有独特性的知识与情感。因而，学习中的体验是认知和非认知的相互融合，是理性与感性的相互融合。其二，学习中的体验重视学生通过亲身经历来体会活动或者事物给其带来的感受；学习中的体验是具有生命性和个体意义的知识理解、情感态度和深刻领悟；前者就是体验的过程，后者则是体验的结果。可见，学习中的体验是过程与结果的整合。

(二)重视小学生学习中的体验，突显生命主体

儿童成长过程就是学习的过程，儿童为了满足自身的需要，满足自身的发展，会去适应环境，适应的过程是成长的过程，也是学习的过程。儿童学习中的体验和成长中的体验一样，可以视为生命存在的方式，它是内在的、独有的、发自内心的，和生命、生存相联系着的行为，是对生命、对人生、对生活的感觉、发现和体悟。认识世界以及个体的成长，不只是认知的独角戏，情感、态度和信念的投入也不可小觑，以儿童内在情感体验为基础的学习才可能是有意义的学习和有效的学习。

在小学生成长与学习过程中，非认知的发展离不开体验，通过认知的学习，体验同样重要。根据皮亚杰的认知发展阶段理论，7～11岁的儿童，处于具体运算阶段，儿童获得了运算概念，这是构成逻辑思维基础的内在心理活动系统。“具体”一词并不意味着儿童解决问题时必须看到或是接触到真实的客体，而是指问题涉及可识别的、可以直接感知或想象的客体。① 要想感知和想象，就需要学生去体验。

① [美]R. 默里·托马斯. 儿童发展理论：比较的视角. 上海：上海教育出版社，1992：206

知识是个体成长的精神食粮，是教育的个体性价值得以实现的必要条件之一。个体性和公共性是知识的基本属性，个体可以借助公共知识拥有尽可能与普遍存在相符合的统一化的客观世界，而个体知识的价值则在于使个体拥有更为丰富多彩的认知与想象。个体知识不仅包含个人对公共知识直接吸收的成分，更重要的是包含个人对公共知识的独特感受和体验的成分。一般来说，公共知识可以通过学习、模仿、记忆而获得，而个体知识则需要通过一定的亲身实践从直接经验中领悟而获得。在学校教育活动中，个体特别需要在一定的情境中去体验艰难的知识探索过程及获得知识的喜悦，通过体验获得对某些知识的理解，加深对某些知识的理解，否则，就不可能真正理解知识和运用知识。

对于小学生而言，教学其实就是通过学习中的体验，引导小学生朝向利于其发展的方向学习和成长，让儿童感到体验的乐趣，让学生在体验中增长知识，形成健康的人格。唯其如此，我们才能说教学是以学生的学习为中心的；教师教的行为促进了学生的学习，可以提升学生学习的能力；教学的过程与学生和教师的生命活动状态关联在了一起，能促进其生命的成长，而这就是有效的教学。因此，有效教学需要关注小学生的体验，突显生命主体。

二、选择促进学生体验的有效教学策略

(一)何谓教学策略

关于策略一词，《现代汉语词典》的解释是："(1)根据形势发展而制定的行动方针和斗争方式。(2)讲究斗争艺术，注意方式方法。"[①]这种解释指向为解决问题而制定的对策与方案，以及对方案的选择。"百度百科"综合了多种词典关于策略的定义，根据这些解释我们可以确定，通常意义上的策略是指为了实现目标，事先根据可能出现的问题制定的若干对应的方案，以及在具体实施过程中，根据具体的形势和变化制定的新方案，或者选择出的对应方案，最终达成目标。策略包括为解决具体问题的预先谋划，也包括在场的反馈和调控，策略贯穿在设计和执行的完整过程中。再看看联合国教科文组织发布的《学会生存》中提出的策略的定义，所谓策略包括下面三个内容："第一，把各种要素组织成为一个融会贯通的整体；第二，估计到在事物开展的

① 现代汉语词典．北京：商务印书馆，2002：127

过程中会出现的偶然事件；第三，具有面对这种偶然事件而加以控制的意志。”[①]这里，关于策略的解释同样涉及观念和操作两个层面。我们将策略的意义转移到教学上，就有了我们常说的教学策略。

教学策略是为实现教学目标和适应学生学习的需要，在清晰认识和设计教学活动的基础上，调节和控制教学活动的一系列执行过程。有效教学意味着，教师通过教学过程的合规律性，成功引起、维持和促进了学生的学习，有效达到了学生进步和发展的结果。要达成这样的效果，成熟的、有效的教学策略就显得极为必要。

(二)激活与提升学习体验的策略

1. 激发学生学习兴趣

心理学认为，兴趣是一个人力求认识事物或从事某种活动的心理倾向。兴趣往往是学习的先导，是推动学生掌握知识或独特能力的一种强烈欲望。苏霍姆林斯基曾说过：“求知欲，好奇心是人永恒的、不可改变的特性。”儿童是富有想象力的，他们对新鲜事物充满好奇，渴望体验，这是激发儿童学习兴趣的本源。把学生的好奇心和探究欲望激发出来，让他们迫不及待地投入到学习和探究中，是教学成功的第一步。教学要成功，就必须激发学生的学习兴趣和求知欲望，让学生积极主动地参与学习过程，使学习成为他们迫切的需要。因此，教师要掌控教学中的各种因素来激发学生怀着兴趣快乐地学习。教师可以通过创设情境，使课堂生动活泼、趣味盎然，以此来激发学生的学习兴趣。教师也可以通过强化学生在学习中的成功体验，让学生越学越爱学。

案例指引一：角的认识[②]

教师在教学“角的认识”这一课时，发现学生对于“角是一个端点引发的两条射线”这个概念的描述不易理解，感觉这个界定非常抽象。在具体教学时，教师做了如下描述：“盛夏，酷暑炎热，人们都习惯在树下纳凉，小朋友们在树下玩耍。瞧！老师来了。”教师有意摆臂作走路状，并挂出示意手臂与身体成一个角的图；接着又说：“有的小朋友在荡秋千，”并出示了荡秋千图。教师话题一转，进入正题：“手臂这一摆，秋千这一荡，就是一个数学概念。”学生们的兴趣因此被激发，一定会想：摆臂、荡秋千怎么会同数学概念连在一起

---

① 国际教育发展委员会．学会生存．上海：上海译文出版社，1979：210

② 吴少燕．小学数学课如何激发学生学习兴趣．教育教学论坛，2013(40)

呢？学生思维的火花也不点自燃。

数学知识原本就是比较抽象的，不像语文教学那么具有描述性，不像美术教学具有直观性，更不像体育教学那么具有身体参与性。数学中各种概念的描述既枯燥又无味。因此，要使抽象的内容变得具体、通俗、易懂，就需要从生活中挖掘数学教学素材，在日常生活中发现数学知识，利用数学知识来提高学生学习数学的兴趣。

2. 激发学习动机

学习动机是推动学生进行学习活动的内在原因，是激励、指引学生学习的强大动力。教育实践和教育心理学实验都表明，学习动机推动着学生的学习活动，能激发学生的学习兴趣，保持一定的唤醒水平，指向特定的学习活动。通常情况下，学习动机可以促进学习效果，学习效果反过来又可以增强学习动机。例如：优秀的学生一定具有强烈的学习动机，有追求的目标和好好学习的愿望，有浓厚的学习兴趣，有坚定的学习信心和克服困难的毅力，这些动力作用促使他们努力学习，并取得优良的成绩。后进的学生则不同，在学习中经常缺乏动力，学习成绩不好，失败的学习结果使原有的学习需求得不到满足，甚至减弱或消退，致使学习的效果更坏。影响学生学习动机的原因很多，包括外部的诱因、学习者自身的兴趣、学习者的自身需求、对自身学习能力的评估、对失败或成功的认识等，教师应该在教学中激发学生的学习动机，让学生的学习动机保持在恰当的水平。在小学阶段，学生的自我意识水平较低，很难自觉地为自己确定一个学习目标，并始终朝着这个目标而维持自己的学习活动。这时学生的动机受到学生的学习兴趣和外部需要的影响，而且很不稳定。教师要关注学生的兴趣，善于利用影响学生的外部诱因来激发学生的动机。例如，有的学生是为了得到表扬或鼓励而学习，教师的及时表扬和鼓励就可以增强学生学习的外部动机。不过这些动机都是暂时的、不稳定的。要让学生保持长久的学习动机，就要从学生的内部动机入手，使学生对学习有一个正确的认识，指导学生对成功或失败有正确的归因认识。

（三）保证与提高学习效率的策略

1. 形象化呈现

知识本身是具有丰富生动的实际内容的，而表征它的语言文字则是抽象和简约的，学生所学的知识绝大部分是语言文字所汇集成的书本知识。这就要求学生不论学习什么知识，都要通过语言文字、符号图表把它们所代表的实际事物想清楚、学明白。但是这些抽象的概念、定理在学生实际学习过程中却非常陌生和困难，即使记住了，也无法理解其本质内涵。从学生具体学习的角度讲，他们学的都是看不见、摸不着的内容，如果没有凭借直观形象的东西，是很难学的，学生会觉得枯燥无味。

面对抽象的知识，如何保证与提高学生的学习效率？形象化地呈现知识是有效教学最重要的策略。教学中把抽象的知识转化为生动直观的内容，让学生对于知识能够“看得见、摸得着”，学生能够对新知识进行更好的理解和记忆，以提高学习效率。语言的形象化和图像的形象化是教师在教学中常用的形象化呈现策略。语言的形象化能够使听者的脑中呈现一幅幅鲜明而简洁的画面，而不是仅提供一些抽象的语言代码。形象化的语言可以化平淡为有趣、化复杂为简单、化陌生为熟悉、化深奥为浅显。例如不借助形象性，爱因斯坦的相对论是难以向学生讲清的。那么爱因斯坦自己又是怎样解释的呢？请看这位科学巨匠所用的词句吧：“如果你在一个漂亮的姑娘旁坐一个小时，你只觉得坐了片刻；反之，如果你坐在一个热火炉边，片刻就像一个小时。这就是相对论的意义。如果有人存在怀疑，而又想试验一下的话，谁不愿意做那个同姑娘坐在一起的人，而把火炉留给那个怀疑者呢？”这样的解释多么富有形象性，将高深的物理学知识通过生活化的语言形象地比喻出来。经过这样一番解释，使每一个人都能领会他的思想。

在无法借助实物，而语言的形象化阐释又无法达到较好的效果时，通过图像的直观呈现或许是形象化的最主要途径。这里图像包括图片、图标、绘画、摄影、电影、电视等。通过图像可以直观地把教材中所描绘的景色、所阐述的道理，具体直观地呈现在学生面前，使他们获得生动的形象，为理解抽象的文字奠定基础。例如在语文的古诗教学中，让学生根据诗文内容给古诗配画；在解数学应用题过程中，引导学生通过画简易图的方式来解题。这些通过图像的呈现都直观地展现了其背后蕴含的抽象知识，降低了学生的思维难度，让学生在轻松学习的过程中体验到了成功。

2. 面向生活，走近自然

教学应该源于生活，寓于生活，用于生活，根据学生的认知特点，将学到的知识与学生的生活实际紧密结合。那么，在学生眼里，所学知识将是一门看得见、摸得着、用得上的科学。美国著名教育家杜威从教育与生活的关系出发，提出了“教育即生活的”教育观点，认为教育与社会生活密切相关，教育就是人类社会生活延续和交流的工具，通过教育，人类社会经验可以不断更新、传递，不断地丰富和发展。因此，现实生活应该是教学的基础和前提，教学应与现实生活连接。然而，现实的教学却远离了现实生活，远离了真实的体验。传统的教学过于重视书本知识的传授，呈现在学生面前的是脱离了他们生活的内容，机械、死板、滞后，缺乏生命力。在面对这样的知识和学习时，知识被简单机械地积累储存，学习被僵化为能够正确回答早已被固定的问题或者完成作业，学生的学习热情被压抑，求知欲望被打压，忽视了学生学习的兴趣和能力。要真正唤起学生的求知欲望，实现教育真正的意义，就必须在教学中“面向生活”，加强教学内容与学生现实生活的联系，培养学生的实践能力。如何在课堂教学中紧密联系生活实际，探索知识的应用价值，培养学生的实践能力呢？首先，教师在课堂中要善于挖掘生活中的教学素材，把抽象的问题转化为学生熟知的日常生活现象，使学生感受到书本知识其实就在身边，自己的生活实际与所学知识本身就是融为一体的。教师从生活实际引入知识，而且要学生在多样的现实活动中轻松愉快地学习。其次，教师要引导学生善于把所学知识和生活经验相结合，注重对当前问题解决能力的培养，要让学生感到“学以致用”。最后，在学生掌握了某项知识后，要创设情境让他们应用这些知识去解决身边的某些实际问题，让学生参与到实际生活中，这样不仅激发了学生的学习兴趣，而且能提高学生解决实际问题的能力。

案例指引二：《菜园里》教学片段①

教室的中间，学生每6人围坐成一个小组，教室的四周摆着许多新鲜蔬菜，有白菜、卷心菜，有白色、红色的萝卜，红色、绿色的辣椒，紫色的茄子，浅黄、深黄的南瓜，有穿着绿衣裳的黄瓜，还有细长的豆角。如果你要认为这是在上自然课或是美术课，那你就猜错了。这是王俊老师正在上小学一年级的语文课《菜园里》。

上课了，老师亲切的话语响起：“大家看，我们来到‘菜园里’，我们四周有这么多蔬菜，你们想认识它们吗？”学生兴奋地齐声说：“想！”

乘着学生的兴趣，王老师继续往下说：“那好，待会儿同学们就下座位到教室的四周去看一看、摸一摸这些蔬菜，再读一读旁边的小卡片，试着记住它们的名字，可不要把它们名字叫错了？读完后把小卡片拿在手里，等到把所有的蔬菜认完了，就回座位。”

---

① 黄荣君．认识生活探究生活——《菜园里》教学片段评析．人民教育，2002(07)

王老师的话刚说完，学生们便像一只只快乐的小鸟飞向了教室的四周，微笑着看看这种蔬菜，摸摸那种蔬菜，有的还凑上小鼻子闻一闻，然后再饶有兴致地拿起旁边的小卡片读一读，看看这可爱的东西叫什么名字。

王老师在教室里轻轻地走着，观察每一位学生，分享着学生的收获和快乐，当看到学生们因收获而激发出学习兴趣时，她亲切的话语又在同学们耳边响起："下面，王老师看看你们是不是真的记住了这些蔬菜的名称？我拿出一种蔬菜，你们赶快把它的小卡片举起来，大声读。比一比，看谁找得快，读得准，声音响亮。"

王老师首先举起一个大南瓜。学生们迅速在许多张卡片中找出"南瓜"的卡片，并抢着大声地读出来："南瓜""南瓜"……

"你们找得很快，很准，但要注意'南瓜'的'南'是鼻音，请大家再读一遍！"

学生们准确地齐读："南瓜。"

王老师又举起了"黄瓜""豆角""白菜""卷心菜"，最后又拿出了紫颜色的"茄子"，学生们纷纷找出卡片举着读" qiézi""qiézí""quézi"，王老师在众多的读音中分辨出有一个学生把"qiézi"读成"quézi"。王老师亲切地说："好像有人把它读成'quézi '，我们再读一遍，读准它的名字——'qiézi'，全班齐读。"

根据学生们在课堂上反馈的信息和实际情况来看，生字确实是学生们学习的难点。

此起彼伏的读书声过后，学生们慢慢地安静下来。

"你们想把刚才读的生字读给大家听听吗?"王老师商量的语气，体现了师生之间平等的关系。

学生纷纷举手。

课堂上，学生清晰、自信地读书，老师热情地鼓励，声声入耳。

为了让学生更轻松地理解课文，将自己的收获畅快地表达出来，王老师说："你们刚才认识了那么多的蔬菜，谁愿意说说它们？说说你看到的，摸到的，感觉到的，你愿意说哪个就说哪个！"

"我刚才认识了豆角，我觉得豆角又细又长又软，像一根鞭子。"

"我觉得更像一根绳子。"

"我刚才摸到了黄瓜身上有刺。"

"我知道了，南瓜是黄色的，是圆形的，它的皮很硬。"

“西红柿，红红的，软软的，我闻了闻，还有一股清香味呢！”

“我知道了卷心菜就是我们平时说的包菜。”

生活是教学的源泉，也是学生们认识世界的重要途径。此课中，老师直接将情境生活化，并将教学明显地分成了认识生活与探究生活两个层次。第一层次是通过创设生活化的情境，走入相关认知的园地。此时课文所要学习的生词已不再是一个个陌生的、生硬的方块字的组合，而是一个个他们急于认识的朋友。当学生们在老师的帮助下，人人都通过自己的努力，知道了这些蔬菜的名字，并读准了字音，认识了它们，欢快的气氛弥漫了整个教室。第二个层次则是创设了一个相对自主的学习环境。学生们由看一看、闻一闻以及摸一摸，他们自然明白了更多。原来“豆角像一根绳子”，“西红柿红红的、软软的、香香的”，“我们吃的包菜就是卷心菜呀”……这些陌生或熟悉的蔬菜的特点，不是老师向学生讲解的知识点，而是学生们独自探究的“伟大”成果。学生们通过生活获得了认知，又通过进一步认知，明确了更多的生活中的事例，语言也在认识和探究中得到发展。

3. 借助已知，达到未知

人类知识的积累始终遵循“从已知领域扩展到未知领域”的认识规律，有效教学也要运用“借助已知，达到未知”的教学策略，引导学生学习未知的知识。学生对新知识的学习是以旧知识为基础的，新知识或在旧知识的基础上引申和发展而来，或在旧知识的基础上增加新的内容，或由旧知识重新组织、转化而来，所以利用“已知”学习“未知”是最直接最常用的教学策略，早在2000多年前，孔子就总结出“温故而知新”的教学策略。苏霍姆林斯基也说过：“交给学生能借助已有的知识去获取新的知识，这是最高的教学技巧之所在。”①

教育心理学家奥苏贝尔认为这种学习是最符合有意义学习的。有意义学习就特别注重学习者已有的知识，学习的过程就是新旧知识相互作用的过程。因此，教师在教学中运用这一策略时，应当注意已知与未知的关系。二者应当是有关联的，已知或是未知的下位概念，或上位概念，或与未知存在横向的联系，要把复习旧知识与教新知识有机结合起来。

案例指引三：借用学生熟悉的自然现象学习数学②

在教“买东西”一课中，教师没有纯粹教学计算，而是把枯燥的计算内容

① [苏]苏霍姆林斯基著，杜殿坤编译．给教师的建议．北京：教育科学出版社，1984：25

② 王妍．http：//i. yanxiu. com/blog/9469346/646191959069999！cateId＝0

放到学生熟悉的生活情境中。课前，教师先布置学生带20元钱到肯德基餐厅自由购物。上课学生汇报了实践情况。在汇报过程中，计算价钱时，就要用到混合运算的知识，教师把一些典型题目展示于黑板，结合购买过程，让学生试算，教师引导指出注意事项，最后让学生总结。按照这个思路教学，教师发现学生积极性很高，由于是自己亲身经历，体会较深，学习兴趣浓厚。在教学“元、角、分”一课时，教师又创设了这样一个情境：“母亲节快到了，小明想给妈妈买一件礼物，就把自己攒的1角硬币都拿了出来，一数有30个，拿着这么多硬币不方便，于是小明就找隔壁的老爷爷来帮忙想办法，老爷爷说这好办，收了小明的30个1角硬币，又给了小明3张1元钱，小明有点儿不高兴，觉得有点儿吃亏，你们说小明拿30个1角硬币换3张1元钱的纸币亏不亏？为什么？”首先，组织学生讨论：有的学生将这30个硬币1角1角地数，每10个1角放在一起，然后再告诉大家这10个1角就是1元，30个1角就是3元，所以30个1角和3元是相等的；其次，根据学生的分析，再组织学生观察已分好的硬币，从中找规律：看看元和角之间有什么关系？学生很快得出结论：“1元和10角相等”“10个1角就是1元”“1元就是10个1角”“1元＝10角”。

这样教学，让学生感到数学中的知识有的是我们在实际生活中已经会的，但没有找到规律，我们可以运用经验，通过创设活动把经验提炼为数学，充实和改善自己的认知结构。

4. 深入浅出

所谓“深入”，就是教师在教学过程中要深刻揭示事物的本质、内在的联系，从而使学生达到深刻理解，获得清晰的概念，进行准确判断、合乎逻辑的推理，并掌握基本的技能技巧。“浅出”就是对于抽象的概念、深奥的理论、繁杂的技巧，利用相对浅显的内容为起点，采取通俗易懂的方法，引导学生达到较高程度的认识。

“深入浅出”实际是从学生的实际出发点来考量的。知识的呈现形式如果太深奥，多是一些抽象的概念，烦琐的程序，学生多半接受起来会比较吃力，长此下去学生定会失去兴趣，影响学习的效率。但是“浅出”不是知识变浅了，而是变得容易接受。因此，“浅出”的前提是“深入”，需要教师在教学之前做好充分的准备，对教材有深入的了解，对学习的知识有清晰的把握，对学生的认知特点有深刻的认识。深入浅出的教学策略是符合认识发展一般规律的，不仅是对文化科学知识传递的考虑，也是符合学生发展认识能力的考虑。

案例指引四①

很多课文的作者，为了引人入胜地表达自己的写作思路，往往把本质一致的事物，用相互矛盾的形式表现出来。如果教师抓住事物的外在矛盾，深入钻研与理解，找出其内在的思路。再用表示矛盾的词语“浅出”课文的思路，就有利于学生发现隐藏在矛盾后面的事物的本质以及课文丰富的思想内涵。如第十二册《穷人》一课，讲女主人公桑娜听着波涛轰鸣，狂风怒吼，心惊肉跳地盼望丈夫回来，可当她抱回西蒙的孩子后，听门“吱嘎”一声，反而感到“一惊”，甚至当丈夫回到她身旁时，她都不敢抬起眼睛看他。桑娜这种从盼丈夫归来到怕丈夫归来的矛盾心情，其实都表现了她的善良和同情比自己更困难的人的美好品质。教学时抓住桑娜的心情变化，用表现她心情变化的“盼”与“怕”的矛盾词语，把课文的思路揭示出来。就把一篇长课文化繁为简了，把力气用在了实处、关键处。

(四)改善与加强学习效果的策略

1. 重视过程，授之以渔

现代教育心理学研究指出，学生的学习过程不仅是一个接受知识的过程，而且是一个发现问题，分析问题，解决问题的过程。这个过程一方面是暴露学生产生各种疑问、困难、障碍和矛盾的过程；另一方面是展示学生，发挥聪明才智、形成独特个性与创新成果的过程。正因为如此，新课程强调过程，强调学生探索新知的经历和获得新知的体验。

从学科本身来讲，过程体现该学科的探究过程与探索方法，结论表征该学科的探究结果。教学的过程即达到教学目的或获得所需结论必须经历的活动程序。教学的重要目的之一就是使学生理解和掌握正确的结论。但是，如果不经过学生一系列的质疑、判断、比较、选择，以及相应的分析、综合、概括等认识活动，没有经过多种观点的碰撞、论争和比较，结论就难以获得，学生也难以真正理解和巩固。学科的概念原理只有与相应的探究过程及方法论结合起来，才有助于学生形成深刻的认识。所以，有效的教学定要重视过程，教会学生学习的方法，授之以渔。基于此，新课程把过程方法本身作为课程目标的重要组成部分，从而从课程目标的高度突出了过程方法的地位。

好的教学应该是向“好过程”要“好结果”，知其然，更应知其所以然。教

① 杨晓燕．“深入浅出”优化小学语文教学．教师，2013(19)

师在教学时应该重视知识获得方法的教学，让学生真正理解，而不是花很大的精力让学生简单地模仿，得到唯一的答案。要立足于教材，让学生体验到获得知识的过程，引导学生展开独立的思考。

案例指引五：说文解字[①]

在课前预习《大禹治水》时，我让学生提出问题。一生问："文中治水的是'禹'，为什么文题中称他为'大禹'，这'大'字应该作何解释?"这问题看似是对一个字字义的质疑，其实关系到对整个神话故事意义的理解，甚至关系到对中国传统文化的认识，是一个有讨论价值的问题。我打算让学生通过自己的探究来解决这位学生提出的问题，获取这个字的含义，同时了解传统文化中有关汉字的一个知识点。因此设计以下问题：

查字典，了解"大"的含义，同时收集和大禹中的"大"意思相同的有关"大"的词语或句子。

文中描写的是怎样的"水"?

禹治水成功的因素有哪些?

如何理解文题中的"大"?

上课时。

师：请大家说说"大"有几种意思。

生：和"小"相对，表示规模、数量、体积等，如大山，大海。

生：指年龄辈分排长或排行第一，如大哥，老大。

生：称对方有关事物的敬词，如大作，大礼。

生：超过，过于，如玩笑开大了。

……

师：很好，看来大家准备得很充分，其实《大禹治水》这篇文章许多情节都可以用有关"大"的词语来概括，现在请大家读课文，看看哪些情节可以用"大"的词语来概括。

生：大禹治水，是因为当时发大水了。

生：大禹治水之所以能取得胜利，和广大群众不辞辛劳劈山开河分不开。所以说治水成功是大家共同努力的结果。

生：大禹治水经过众多苦难最后终于治好了大水，可谓是大功告成。

生：禹因为治水有功，被人们尊称为大禹。

---

① 逯春蕾．http：//wenku. baidu. com/link? url=dIfswKPSegNhJ _ rCp9aW6AXMC0tq1YdBFL-L1hrKjIUyQ2inM40m523WmSbwA5TMqBHPrtAqMYgrsRm1ozNNgU4qqjNh99S3iWPjYAMaSu _ a

（略去学生品读相关课文内容）

师：现在大家应该能够明白人们称“禹”为“大禹”的原因了吧，文题中的“大”既不是指“禹”长得有多高大，也不是指他年长，而是他在人们的心目中形象高大，是百姓爱戴他，尊敬他，感激他为人们做了好事，所以尊称他为“大禹”。这“大”就是个敬词。下面请同学们把收集到有关“大”的，表示尊敬的词语或者句子展示出来。

生：古代把德高望重的人称为大人。比如《荀子》中“大人哉舜，南面而立万物备。”

生：我也找到了一个，孔子称赞颜回“大士哉”！

生：刚才提到的大作，也是对别人的文章的敬词。

生：大驾，原来指皇帝的车架，现在大多用来对别人的尊称。

对于学生提出的问题：“文中治水的是‘禹’，为什么文题中称他为‘大禹’，这‘大’字应该作何解释？”如果教师直接当面告诉学生在这里“大”表示对禹的尊称，是敬词，一问一答中学生除了知道这个答案之外，别无所获。更为严重的是，这样还会让学生养成不思考、依赖老师的不良习惯，只求答案，不求如何获取答案的过程。但本课采用了探究性学习，在课堂之前要求学生收集有关“大”的含义和例子，提倡学生自己动手解决问题。在收集、归纳、整理的过程中，学生不但解决了问题，还养成良好的学习习惯。课堂上，教师把知识点设计成一个个课堂问题、生活情境，让学生在探求问题的过程中，在体验情境的过程中，理解知识、运用知识。教师教学将基础知识的落实与培养学生的语文能力、形成情感价值观融为一体，使学习基础知识与基本技能的过程同时成为学会学习和形成正确价值观的过程，做到知识、能力、情感态度和价值观三维目标有机整合。

2. 尊重差异，给予空间

学生接受知识的过程，是一个以积极的心态调动原有知识经验，尝试解决新问题，同化新知识的构建过程，它不是简单地吸纳、记忆，而是根据自己的经验背景，对外部信息进行主动选择、加工和处理，从而获得意义的过程，这就导致了学生对问题的看法和理解经常是千差万别，学生对于教学内容的理解可以融进自己的感受和体验，带有自己的价值取向和审美观点。为此，新课程标准提倡和强调学生学习与体悟的多样化和个性化。教师在教学中要鼓励学生的创新思维，尊重学生的多元思维。多样化和个性化激活了课堂，激活了学生的思维，有助于学生学的深，学的透，学出个性。

案例指引六：《江雪》[①]

生：这么寒冷的下雪天，这位老人真的是在钓鱼吗？

一石激起千层浪。是啊，不在钓鱼又是在做什么呢？是照搬教参中现成的答案，还是允许学生多元解读？说不定有意料之外的精彩呢！

生：老人是在独自欣赏雪景。

万里江山，银装素裹，渔翁之意不在鱼，在乎雪景之美也！

生：老人感到十分孤独、寂寞，每一行的第一个字连起来就是“千万孤独”。妙！

生：我觉得老人在磨炼自己的意志，因为天寒正可以锻炼人。

生：这位老人与众不同，看起来很清高。

诗人那种不愿同流合污的心迹不正隐含其中吗？

生：诗人是在钓一个春天！

是啊，冬天来了，春天还会远吗？诗人在遭受重重打击之下仍然孜孜以求，不正是等待“春天”的到来吗？至情至性，独具慧眼，精彩！

这样的语文，才能根植于学生的心灵世界，才能给学生的生命铺上一层温暖、纯净的底色。是的，学生也有思考的自由，也有说自己话的权利。教师要放弃“话语霸权”，关注学生敏感的心灵，微笑地倾听每一朵花开的声音。教师要用审美的眼光创造性地处理教材，引领学生走进文本吟咏、体验、感悟、表达，去自我建构，自我觉醒。

3. 问题引导，鼓励质疑

传统课堂教学中，学生所习惯的学习过程是在教师的训练下一步一步靠近现成的答案，或者干脆等教师把答案告诉学生之后，花工夫记忆下来或者按照设定的模式反复操练，逐步掌握已经被设计好的技能和方法。这样的接受性学习在某些领域可能是必要的，但是这样教育只会让学生学会被动接受和等待，而不会主动创新。学习不仅仅是对课本知识的传承和接受，也是对知识的质疑和创新，这种形式下的学习才学的深、学的透。新的时代需要具有创新思维的人才，这就要求我们的教学也必须在传统的基础上进行革新。要培养具有创新精神的人才，首先要让他们从疑问入手，只有敢于对传统提出自己的疑问和挑战，才能具有创新精神。因此，新时代的教师在教学时也应从问题入手，鼓励学生学会质疑。提问题一直被教师使用，但是现在的课堂上，绝大多数情况下，

---

① 陈正伟．唤醒心灵 触动生命——语文课堂教学的思考与追求．上海教育科研，2010(8)

教师提出的问题都是些低水平的、缺乏思考价值的问题，学生不需要思考即可以回答出来，完全达不到锻炼学生质疑能力的目的。所以，新时代的老师要掌握好提问的技巧，应该以促进发展学生创新思维为目标，从广阔的问题视阈出发设置开放式的、有逻辑性的问题。同时，更多地让学生成为问题的发现者，引导学生对所学教材、知识提出自己的见解，提出自己的疑问。

4. 知识整合，走近学科

知识整合是将零散、杂乱的分散知识系统化的过程，是知识扩散和系统化的过程。学生在学习中，头脑已经接受或产生零散的想法和知识点，为了帮助学生将这些零散的知识点集合在一起，形成完整的认识结构，加强学习的效果，教师需要引导学生抓住知识的内在联系与要领，对这些知识进行整合，让学生形成良好的认知结构。

学科知识是一个有机的整体，有其内在的联系。学科知识间的这种内在联系反映在学科知识本身的逻辑关系以及人类认识科学知识的序列之中。知识的整合有助于学生形成知识的“网格”，有助于记忆，而且也使学习变得容易。知识的整合能够在整合的过程中突出学科中的核心概念。实践证明，强调学科核心基本观念的教学有助于克服传统教材平铺直叙的模式，培养学生以纲带目的能力。教师在教学中要注重知识的整合，可以通过教给学生画“知识树”“思维导图”的方法，把知识点建构、连接成一个体系，进而让学生感受到学科内隐的方法和思想，加强学生的学习效果。

三、采用适应生命主体需要的学习方式

“学习方式”的概念是1954年由美国学者哈伯特·塞伦(Herbert. Thelen)首次提出。此后，引发了很多学者对学习方式的关注，并予以界定和进一步研究。这里援用几个关于学习方式的定义，《心理学大辞典》认为：“学习方式是个体在进行学习活动时所表现出的具有偏好性的行为方式与行为特征，反映个体学习活动中的个体差异，与个体的性格及学习习惯有关，有多种不同类型。”①《教育大辞典》(第五卷教育心理学)中将学习方式定义为：“个人在学习时接受或加工信息的方式。”②教育心理学家张春兴则提出，学习方式“是指学生在变化不定的环境中从事学习活动时，经由其知觉、记忆、思维等历程，

---

① 林崇德，杨治良，黄希庭. 心理学大辞典. 上海：上海教育出版社，2003：1482

② 教育大辞典编纂委员会. 教育大辞典(第五卷)教育心理学. 上海：上海教育出版社，1990：224

在外显行为上表现出带有认知、情意、生理三种性质的习惯性特征。”①学习方式的确是一个内涵丰富的概念，具有多方面的规定性，可以认为学习方式是，“学习者在学习过程中经常表现出的相对稳定的认知与行为的方法、策略及其倾向的总和。”②

作为生命的个体，人的学习方式不应该，也不可能拘泥于某一种形式。当代教育重要的任务是培养具有主动精神和终身学习能力的人，学习就不再只是一个积累知识的过程，而是一个“转识成智”的过程，即通过知识的学习，“学会认知”“学会做事”“学会共同生活”和“学会生存”，就像人怎样活就会成为什么样的人一样，不同的学习方式也会造就不同的人，造就不同的人需要运用不同的学习方式。当我们注重学习方式的多样性，追求充分调动、发挥学生主体性多样化的学习方式的时候，说明我们意识到了学习是符合学生生命成长的需要，是能满足学生内心精神解放的需要，多样化的学习方式突显了学生生命主体性。我们追求学生在教师指导下主动地、富有个性地学习，意味着我们追求超越书本知识的学习，注重培养学生的质疑和批判能力，鼓励学生对书本的质疑和对教师的超越，赞赏学生独特性和富有个性化的理解和表达；也意味着学生在学习方式领域面临更为广阔的选择余地，为学生的个性发展提供了一个很好的机会。因为个性化的学习方式往往是获得个性化体验，形成个性化发展的一个重要条件。

不同的学习方式之间交互渗透、互相利用又互为他用，只有这样正确处理好各种学习方式，帮助和引导学生采用合适的学习方式，方能真正促进学生的有效学习，促进有效教学的实现。

(一)体现主体互动的合作学习

合作学习具有多种价值，比如说，能用它来组织教学，是学生完成学习任务的一种方法，能促进学生间的互动，等等。《有效学习与教学》中将不同视角界定的合作学习进行了归纳，并从综合的角度予以界定，本书援用如下。

从形式上看，合作学习是一种教学组织形式，“它要求学生在一些由 2 名到 6 名学生组成的异质小组中一起从事各种需要合作和互动的活动。”从方法角度看，合作学习被认为是“一系列促进学生共同完成学习任务的教学方法，以便通过同学之间的交互作用对学生的认知发展、学习情境和同伴关系产生

① 张春兴．教育心理学：三化取向的理论与实践．杭州：浙江教育出版社，1998：413

② 潘洪建．有效学习与教学——9 种学习方式的变革．北京：北京师范大学出版社，2013：5

积极的影响”。从互动的角度看，合作学习被视为教学动态因素之间的互动，“是一种同伴之间的合作互动活动”“合作学习就是在教学运用小组，使学生共同地最大程度地促进他们自己以及他人的学习”。从评价的角度看，合作学习是以各个小组在达至目标过程中的总体成绩为奖励依据。综合不同的因素，可以确定，“合作学习是异质学习小组为基本形式，通过教学主体之间的互动，促进学生的学习，以团体成绩为评价标准，共同达成教学目标的教学活动。”①可见，合作学习改变了传统教学过程中“一言堂”的弊端，通过师生间、学生与学生间的交流与合作共同完成学习任务，能实现信息与资源的整合，不断地扩充和完善学生的自我认知结构。合作学习过程中，学生们同时在进行两种活动：一是学科学习活动；二是小组活动。应该说，合作学习突显学生作为学习与生命主体的互动，突显他们的生命在互动中的不断成长。

合作学习一般采取小组的形式，其基本步骤为：

(1)确立合作学习的内容。

选择适合的内容是顺利开展合作学习的第一步。并不是所有的内容都可以用合作学习的方式进行，为此，教师有必要精心选择，确立合作学习的内容，以便学生能顺利地运用合作学习的方式完成学习任务。内容选择应该具有一定的难度，且难度不宜过大。难度太低，则失去合作的意义，使得合作形式化；难度过高，通过小组成员的合作仍无法解决问题，不利于培养合作学习的能力，使合作学习失败，学生体会不到成功的喜悦。教师还可以根据不同的学段，循序渐进地让学生充分发挥个人的主观能动性，让学生参与选择学习的内容。

(2)选择适当的合作时机。

并非所有的内容都可以进行合作，也并非任何时候都适合学习。因此，根据学生现有的认知水平、学习内容等选择有利的时机让学生进行合作学习，这样才能保证合作学习的有效实施，保证教学的有效性。当教学内容出现难点、疑点，多数学生产生困惑时，强烈的学习需要会促使学生从学习伙伴那里寻求帮助，这就是合作学习的好时机。当学生面对同一学习问题意见分歧时，也是开展合作学习的好时机。此外，面对复杂的学习任务，个体难以独立完成时，小组合作学习也是非常好的选择。

---

① 潘洪建. 有效学习与教学——9种学习方式的变革. 北京：北京师范大学出版社，2013：33

(3)建立合作小组。

合作学习通常采取分组的形式，分组的好坏直接关系到合作学习的质量。小组一般以4～6人为宜，需要把握“组间同质，组内异质”的原则，即考虑不同的小组间在学习能力等方面差别不大，具有可比性，以利于学习评价的相互展开；同时考虑组内成员的成绩呈阶梯状分布，让成绩好的同学带动成绩稍差一点的同学，以利于学生在促进中互动。建立合作小组另外一个值得注意的问题，就是要明确小组的任务和组内成员的分工。组内成员要具有确定的角色并适时地转换角色，以使每个小组成员都能从不同的位置得到体验、锻炼和提高。

(4)实施合作，完成小组任务。

在具体的合作之前，小组成员要首先完成自己分得的任务，将困难与问题弄清楚，并能表达出来，以便与小组内其他成员交流、探讨。在具备了这些条件之后，小组的成员之间就可以展开充分的交流，各抒己见，通过讨论确立最终的或最可靠的答案。

案例指引七[①]：

<table>
<tr><td>科目</td><td>语文</td><td>时间</td><td>2013-11-18</td></tr>
<tr><td>年级</td><td>一</td><td>学生人数</td><td>47</td></tr>
<tr><td>课题</td><td>zh ch sh r</td><td>教师</td><td>俞璐</td></tr>
<tr><td>小组人数</td><td>4</td><td>合作次数</td><td>4</td></tr>
<tr><td>平均用时</td><td>2分钟</td><td>特色教具</td><td>无</td></tr>
<tr><td>形式</td><td colspan="3">探究学习，互相教读、检查朗读</td></tr>
<tr><td></td><td colspan="2">内容</td><td>设计意图</td></tr>
<tr><td>准备</td><td colspan="2">默契训练。
要求：不该说话的时候不说话，老师提问时举手发言，齐读或一齐回答时声音整齐。</td><td>很多学生学过拼音，在听讲或老师提问的时候会不自觉地插话。默契训练是要训练学生在该说话的时候有秩序地说。保障课堂秩序和全班学生的听课效果。</td></tr>
</table>

① 案例来源于2013年11月8日清华附小俞璐执教《zh ch sh r》课堂实录，案例的使用经过执教者的同意。

续表

	内容	设计意图
教学步骤	一、zh 1. 小女孩坐在椅子上织毛衣，“织”读得又短又轻就是 zh。(板书：织、zh)(师泛读 zh，小老师带读，齐读。)你怎么记住 zh 的写法？可以看图帮助记忆，也可以用学过的字母帮助你。 2. zh 找来了好朋友 a、e、u、ua，你能不能正确拼读？(小老师带读，指名读) 3. 音节戴上了声调帽子，你能不能把它们读准？(老师带读带声调的音节，齐读) 二、ch 1. 小男孩在吃苹果，“吃”读得短一些、轻一些就是 ch。(板书：吃、ch)(齐读、指名读)看图识记 ch 的字形。 2. 小老师带读音节。 3. 小组合作，互相教读、检查带声调的音节。2 分钟之内完成。 4. 小组合作时，有没有谁得到了小组同学的帮助？ 三、sh 1. 图的左边是一只石狮子，“狮”的声母就是 sh。(板书：狮、sh)(齐读、指名读) 2. 小组合作完成：(1)利用插图记住 sh 的写法。(2)拼读音节。(ppt 出示要求)  3. 小组合作拼读带声调的音节。	zh、ch、sh、r 每个拼音的学习都分为三个步骤：1. 看图读准音、记住字形。2. 拼读音节。3. 练习拼读带声调的音节。教学 zh 的三个步骤由老师带领同学完成。 初步开展小组合作，并检查小组合作的效果。 小组合作完成两个环节。

续表

	内容	设计意图
	四、r 1. 图上是一轮红红的太阳，太阳也叫“日”。“日”的声母就是 r。(板书：日、r) 2. 小组合作：(1)读准 r 的发音，利用插图记住 r 的写法。(2)拼读音节。(3)拼读带上声调帽子的音节。计时 3 分钟。(ppt 出示合作顺序) 	小组自主探究学习声母 r 并练习拼读音节。
反思	1. 习惯培养：学生的发言声音要再洪亮。 2. 各环节的设置目的性要增强。四个练习拼读的环节要各有所侧重，如侧重声调拼读准确、轻声等。 3. 拼读练习的形式还需丰富。	

(二)基于问题解决的探究学习

现代教育理论认为，真正有效的学习是一种心智活动，而不是单纯的知识记忆或者理解，一切心智活动的基础和前提就是体验。就学习活动而言，探究式学习是指在体验过程中敏锐地捕捉问题，并通过自身的体验寻求问题的结果。探究式学习方式与机械、被动的记忆与理解的学习方式有着本质上的差异。

探究学习的本质就是教师创设问题环境，让学生通过探索发现问题并解决问题的学习方式。这一学习方式可以分为以下四个步骤进行。

(1)创设问题情境。

探究学习的核心是发现问题、解决问题。因此在学习过程中，培养学生的问题意识至关重要。实践证明，创造问题情境是培养学生问题意识的重要途径。要创设良好的问题情境必须把握以下两点原则。

第一，问题的难度适中。探究问题的难度应在学生通过探究过程可解决的范围之内，问题过难容易使学生丧失信心；过于简单则难以引起学生的兴趣。因此，难度适中是最能激发学生强烈求知欲望的办法，为探究学习的顺利开展提供必要的前提。

第二，逐步培养学生的问题意识。鉴于学生受“灌输式”教学模式的影响，在一定程度上，学生的依赖心理仍然存在，如何培养学生的问题意识对于探究学习来说显得格外重要。培养学生问题意识是个较长的过程，教师可以通过一系列的训练过程来实现。比如，最初由教师提出问题，学生解决问题，进而鼓励与激发学生自己提出问题并解决它，循序渐进地完成这一转变，逐步培养学生提出问题的意识和能力。

(2)分析问题、提出假设。

问题提出以后，分析问题并提出假设是探究学习的核心环节。问题分析的透彻则便于提出假设，反之则使提出假设变得困难，以致学习无法顺利进行。提出假设是最为艰难的一环，教师要根据学生自身已有的知识，鼓励学生充分展开想象和发挥创造，提出假设。这一过程可能要重复多次。在这一环节中，教师要善于鼓励学生，哪怕假设是错误的也要坚持下去，用实践来检验学生的假设，不要直接将结论告诉学生，使学生学习的积极性和信心受到挫折。

(3)验证假设。

验证假设的目的是找出最合理的假设，解决问题。通常，检验假设的方法是通过实验手段或收集相关资料的方式，在这一过程中，充分调动学生各方面的知识，来完成对假设的检验。如果假设是错误的，就要重新假设，重新检验。

(4)交流与总结。

交流与总结是探究学习中必不可少的一个环节。与同学交流、与教师交流，可以通过交流开阔视野、提出问题的建设性意见和方案；通过总结可以找出经验教训，少走弯路。

案例指引八[①]

师：看，风还在哪儿呢？请你们照样子说一说。（出示落花、红旗图片，创编诗歌）

ppt 出示：

谁也没有看见过风，

不用说我和你了。

但是有的时候，

我们知道风。

生 1：谁也没有看见过风，不用说我和你了。但是花瓣掉落的时候，我们知道风正走过了。

生 2：谁也没有看见过风，不用说我和你了。但是红旗飘扬的时候，我们知道风正敬礼了。

师：看看窗外的天气，你想怎么说？

生 3：谁也没有看见过风，不用说我和你了。但是雨点飘落的时候，我们知道风正跳舞了。

师：你也像诗人一样有一双发现美的眼睛，为你鼓掌！

师：风还在哪儿呢？（指板书第二个问题）你们小组合作编编。

第一小组："谁也没有看见过风，不用说我和你了。但是风铃响起的时候，我们知道风正唱歌了。"（掌声响起）

第二小组："谁也没有看见过风，不用说我和你了。但是窗帘飘动的时候，我们知道风来拜访了。"（掌声响起）

第三小组："谁也没有看见过风，不用说我和你了。但是下小雨的时候，我们知道风正走过了。"

第四小组："谁也没有看见过风，不用说我和你了。但是房子被吹倒的时候，我们知道风来捣乱了。"

师：这风太厉害了！应该是飓风吧？（掌声响起）

生：对对，可能还是狂风……

第五小组："谁也没有看见过风，不用说我和你了。但是女孩儿的头发飘扬的时候，我们知道风来帮她梳头了。"

师：这风可真是太喜欢这小女孩儿了！

---

① 案例来源于 2014 年 9 月 26 日清华附小李宁执教《风》课堂实录，案例的使用经过执教者的同意。

师：同学们，刚刚的小组展示，我们看到了同学们展示合作的精彩，也看到同学们友善的倾听。生活中处处都有风景，只要你留心，就会成为美丽的诗篇啊！

（三）脑体合一的操作学习

随着时代的发展，教育的价值取向也由培养技能型人才向培养创新型人才转变。事实证明，实践能力是适应现代社会的基本素质之一。手脑并用的操作性学习成为适应学生发展需求的有效学习方式。

操作性学习的本质是“做中学”，不再依赖于课本的符号式学习，而是操作工具或肢体，从而获得知识与情感的学习方法。它不同于间接学习，是一种课堂上的直接体验，能促进手脑协调发展，具有直观、深入等特点。

1. 操作是儿童的天性

教师怎么教要看学生怎么学，学生怎么学要看学生怎么做。做是认知和实践的统一，也是眼看、耳听、手动、心记的认知过程。儿童的认知规律是从具象思维到抽象思维的过渡。学龄前的儿童没学过数学，但是会用掰手指头的方法进行10以内的加减运算。这就是操作性学习的优势，具体、简单、直观。儿童本能的发展正是从“做”开始的，也正是在实际操作中，儿童获得了许多从书中无法获得的技能。

操作性学习在不同学科中有不同的表现形式，按照操作对象来分，可以分成工具性操作和肢体性操作两种。工具性操作是通过使用工具器械来达到认知目的的学习方式。包括有实验、手工、绘画和乐器演奏等活动。肢体性操作是通过操控肢体获得动作记忆的学习方法，生活中有大量的技能都是需要通过操作性学习来获得的，如骑车、游泳、打球、舞蹈等。

陶行知先生有个生动的比喻：“接知如接枝。”[①]这句话强调了直接经验在学习过程中的重要作用。认知与操作结合产生的才是真知识。真知识是从直接经验中得来的，是经过实践验证的真知灼见。学生得以自己的实际经验作为枝干，书本上的知识才能接得上去。这种出于实践的学习，也正呼唤着儿童渴望创造的本能。

2. 肢体性操作的三个阶段

美国心理学家菲茨和波斯纳两个人将动作技能的获得分为三个阶段：一

---

① 陈国平．主体性教学和师生的课堂交往．江苏教育研究，2012(12)

是认知阶段，是对动作本身包含的各个部分有一个初步体验；二是联系阶段，将各个部分整合为一体；三是自动化阶段，通过反复训练，将动作技能融会贯通。

在第一阶段中，儿童对新动作技能的最初认识是通过教师的示范得来的。老师在进行示范的过程中仍有很多需要注意的地方，比如教师的示范是否准确？动作技能是否被分成了各个小步骤重点讲解？示范工具准备是否齐全？学生是否能看清示范过程？怎么纠正学生的操作？这些问题，都需要老师耐心地解决。

以儿童学画兰叶为例，兰叶在国画中以姿态俏美而受人喜爱，但要画出好看的兰叶需要以熟练的笔法作为基础。一条兰叶，一笔完成，画的过程中要同时控制笔的提按、速度和走向，难度很大。儿童在练习这一动作时要先把笔的提按、运笔速度和行笔走向分开训练，分别体验过后再将其融合在一起。通过反复练习提高手感，在重复操作中找到最佳的动作体验。最后熟悉这个体验达到融会贯通的境界。这个例子说明操作性学习的主体在操作过程中获得的反馈是肌肉感觉的反馈。这种动作记忆的获得是一个观察→模仿→融会贯通的过程。

3. 合理运用操作性学习方式

操作性学习虽然是从经验中直接获取知识，但与经验学习不同的是这种方式没有交流。想想看，一个人自己把足球技术练得炉火纯青，一旦加入球队就会很不适应。知识是一个整体，要认知，要操作，更要交流。

操作性学习也受时间、场地等外在条件的制约。所以教师要明确问题的重要性，有些明明动脑子就能想明白的简单问题不需要占用时间反复操作。

很多老师认为让学生在课堂上动手实践就是操作性学习了。其实不对，操作性学习强调的是学习过程，在“做中学”，而不是学完了在做中检验。那样的操作没有学习性，只有实践性了。把控学生操作的大方向，让操作更高效，更适合儿童的发展，才是正确的操作性学习。

操作性学习是新时代教学的产物，并不能说“新的”就是“好的”，“好的”也不能说“都是好的”，实际上这种学习方式也有其局限性，教育者得正视其特点，优化运用，与其他方式有效地结合起来，才能给学生提供更大的发展空间。

(四)释放内在心理特征的表现性学习

表现是儿童的天性，他们不仅乐于表现，更善于表现。于是基于儿童天性表达的学习方式成了国际教学与课程领域的一颗明星，受到了广泛的关注与使用。现代教学的主流价值观是知识技能的获取重于情感态度的表达。儿童获取的知识得不到及时应用，真挚的情感无处表达，这些都严重抑制了儿童艺术本能的发展。

1. 表现性学习是基于儿童本能发展的学习

人为什么要学习？这是人的天性使然，人一出生便对这个丰富的物质世界充满了好奇。渴望发现，渴望领悟，渴望创造。本能是什么？猫吃鱼、狗吃肉、蜘蛛结网、鸟儿筑巢，这些与生俱来的天赋就是本能，这些无师自通的技能是千百年生物进化的结果，为了适应生存环境，动物们要具有很强的生存本能。相比之下，人类作为食物链的最顶端，适应生态环境的本能都退化了，但进化出了学习和创造的本能。

儿童一出生便具备这种能力，这是一种创造性和表达性的力量。本能驱使他去探索周边的环境，熟悉花草的味道，体验与其他儿童游戏的快乐。在游戏中，儿童已经内化的知识可以应用，产生的情感也能得以表达。这些都是儿童在游戏中获得的认知体验。也正印证了“玩儿是孩子的本能”这句话。

不得不说，传统教育中的授课方式非常抑制学生本能的发展。在学校中，时间被割裂成了40分钟一个的片段，课上课下，校里校外就像两个世界。学生的知识只用来完成考试、获得情感也无处表达。不可否认，这是学校教育的特点，每一个儿童来到学校都得面对教师的教育和管理，从而失去很多表现艺术本能的机会。这些问题源于儿童文化和校园文化的冲突，其中最大的矛盾在于表现方式的不同。儿童文化中的表现是有趣的、玩乐的、直接参与的、主动的、口语的，而校园文化是规范的、时间割裂的、被动的、书面的。根据儿童的认知发展规律，口语化的表演要比书面化的呈现更符合天性的表达。

《色彩的世界》是一节五年级的美术课。本课的教学目标在于使学生掌握类似色与对比色的定义，灵活运用色彩知识进行创作。浙江省的Z老师使用彩色树叶进行导入，再进一步的教学中，老师邀请学生从白板上摘取一片树叶(树叶色彩随机)，教师通过树叶进行分组、提问。例如，“请找到一片与你手中树叶颜色相类似的树叶”“请找到一片与你手中树叶颜色对比强烈的树叶”。此步骤将呆板的找类似色和对比色，变成了找朋友，找伙伴。学生在这样的活动中充分表达了自己的天性，在互动中，加深了对定义的理解，同时也把知识实际应用起来了。

如果说校园文化是“你必须干什么”，那么儿童文化就是“我必须干什么”。希望教育者能够利用儿童的本能习惯，更好地指导学生内化知识，外化表达。

2. 表现性学习与抛锚式教学

表现性学习是一种基于“问题呈现”的学习方式，需要有一个明确的问题来牵引。在解决问题的过程中，学生会通过观察、交流、反思等途径获取有用的信息，经过分析、综合呈现出多样化的表现结果。这与抛锚式教学不谋而合，抛锚式教学又称“基于问题的教学”，这正好为教师如何操作表现式学习提供了教学依据。

传统教学法可总结成一个五段式：导入→旧知识强化→授新课→新知识强化→总结评价。其特点就是以教师、教材、课堂为中心，突出了教师是知识的传授者，教材是学生获取知识的唯一来源。但抛锚式教学呈现了新五段式：创设情境(还原问题出现时的条件，结合生活)→选锚(明确一个待解决的具体问题)→抛锚(把问题抛给学生，并提供学生解决问题所需要的各种资料与帮助)→小组协作(将得出的结论想办法和别人交流，相互补充)→效果评价(因为抛锚式教学是基于现实问题的教学，所以学习过程是解决问题的过程，问题解决的程度就很直观地反映了学习的效果)。

表现性学习具有四段式的特点，并且与抛锚式教学相对应。在教学进行到第三步时，学生便要针对问题开始调查，获取信息，这是表现性学习的第一步。其中怎样获取信息、获取什么样的信息都是教师应当强调的。第二步是去伪存真，这个过程是信息加工，学生要自己去整理、分析、比较、辨析信息的价值，成为知识的组织者。第三步是表现展示，经过思考、实验、交流后学生要以自己的方式将结果呈现出来，教师在给予充分肯定的情况下，也要对出现的问题作出解答。

表现性学习是一种由内而外的学习方式，注重对学习方法、学习策略的培养。通过儿童的不同表现方式，体现了对儿童个别差异的尊重。

3. 表现性学习的课堂操作技巧

表现性学习是以学生为主的课堂，需要学生自主探究，综合应用，但并不等于减轻了教师的工作量。这里学生是知识的加工者，而教师是知识的促进者。怎样给学生提供帮助，怎样帮助学生分析问题。及时纠正错误，把握大方向仍然是一个需要讨论的话题。

在表现性课堂中，往往会存在以下几种问题。

(1)跑题，学生的天性是玩，表现性的学习促进天性发展，这就很容易在表现时偏离主题。B老师是一名语文老师，他讲授了一篇歌颂父爱的课文。最后要求学生用分角色表演的形式来体会课文的情感，结果因为学生过于活跃，导致表演效果浮夸搞笑，把课文中感人的氛围演得乱七八糟。所以，在学生表现之前一定要让学生明确研究的大方向，确定学习目标。

(2)形式化，有些教师虽然给予学生自主学习的权利，但设置了很多限制。C老师是一名综合实践老师，在教授“盐的特性”时，她让学生查找资料，自己总结。但提供给学生的资料十分有限，学生很快便从短短的几页纸中找到了答案，给人的感觉就像是老师写好了答案让学生念了一遍，非常简单。

(3)不会提问，在表现性学习中，学生肯定会遇到疑问，但是学生一般不敢质疑，不敢说出想法。所以，表现性学习一定要给学生提供一个宽松的环境，不能让学生感到精神紧张。

面对这些问题，教师需要更熟悉所教的内容，对与之相关的知识也要有所了解，以应对学生的突然发问。设置的问题要结合实际，生动有趣，宽松而具有挑战性。做到因地制宜、因势利导，促进学生各展所长。

案例指引九[①]：假如我是总经理

执教：富春三小董老师

核心问题：小数除法在生活中的运用

富阳素有造纸之乡之称，请看这则合同书的内容：

甲方：香港金泰贸易有限公司

乙方：富阳新达纸业公司

甲方向乙方订购规格为787×1092的铜版纸125.5吨，总价为91万元。限期乙方10天时间交货，如有违约，乙方需向甲方赔款100万元。

假如你是总经理，将打算怎么办？

(学生纷纷展开讨论，并举手畅谈自己的想法)

生A：我当然要考虑一下自己公司的实际生产能力，根据实际情况召开董事会决定。

生B：我首先要做的就是加大每天的生产量，可不能因为延时而赔了100万元。

生C：我会毫不犹豫地签下这个合同，这可是上百万的大生意啊！

生D：这样大的生意，我在抓产量的同时还要狠抓质量。确保按时完成，

① 苏立军，商静儿．在表现性学习中改变学生的学习方式．当代教育科学，2004(18)

为公司赢得极大的信誉，这才是最大的财富。

师：看来我们这些总经理还是很有管理才能的。三天后，车间主任汇报3天共生产32.4吨。

作为总经理，你又会想到哪些呢？

学生面对这样一个具有挑战性的问题开始了急切的思考……

生A：稍微估算一下，合同中10天生产125.5吨，每天应生产12.55吨，而车间主任汇报3天生产32.4吨，每天生产11吨不到，绝对是来不及的。我这个公司的总经理惨了，拎包走人！

生B：我不同意你的看法，这只代表3天的形势，我可以采取其他措施补救一下。比如，我要加大每天的生产量，以后7天每天多做一些不就行了吗？

生C：好是好，不过如果是我的话，我会考虑到工人的休息问题，产品的质量问题，工人的工资问题等。我还会做一个市场调查。

师：出示了调查结果：有库存2.5吨，但有色差，兄弟厂家有货3.5吨，但要价5万元。

精明的总经理又该如何作出决策呢？

学生的思维又被轰炸，开始情不自禁地在组内展开讨论：

生A：我想做生意总要冒风险，为了利益，我会使用库存。再向兄弟厂家买进，虽然价格高了些，但我必须在10天内完成合同，不然会失了信誉。

生B：我不同意你的看法，你这样做其实是损害了公司的信誉，有色差的纸怎么可以冒充呢？也许会因为你的一时贪小而失去了更多的合作机会，我主张加大每天的生产量。

生C：是呀！我们富阳是以信用立市的，绝不能用有色差的纸，我也主张加大每天的生产量，不过不能忘记给工人加工资。

生D：加大每天生产量还不行怎么办？我主张三管齐下，加大生产量、改造有色差的纸、再向兄弟厂家买进纸。

生E：你们别忘了一点，在加大生产量的同时，千万不能忘记质量问题。

生F：可不可以换一个方式思考一下，发一份传真给乙方，能不能再给些时间，机会是自己争取的。

生G：我也可以当大股东，发展小股东，再与别的兄弟厂家签合同，把一半的任务通过签约让他们去做，我们可以赚一个差价，又能保证完成任务，何乐而不为呢？

第四章

有效教学课堂管理应突显生命关爱

——模式之保障

引言：有效的课堂管理，要从关爱学生的生命做起

一次小学语文观摩课上，任课老师的教学设计，从教学目标、教学内容、教学形式以及多媒体的运用等各个环节都可以称之为优秀课。但是，课堂上一个男生的咳嗽引起了大家的注意。他坐在中间过道的位置上，时断时续地咳嗽，满脸憋得通红。当老师让大声齐读时，那个孩子就涨红着脸大声地朗读，读后又是一阵剧烈的咳嗽。当老师请同学单独朗读课文时，他也几次举手，但因咳嗽，刚举起的手又放下了，只被老师叫起来一次。课后，我询问老师是否注意到这个孩子咳嗽时，她的回答是没有。

思考：老师为什么听不到那个学生的咳嗽声？

在课堂上，除了教学环节，任课老师还应该关注哪些现象？有效教学的课堂管理应该体现在哪些方面？这是上述引子带给我们的思考。

关爱学生、尊重学生是我们一直贯彻的教育理念。关爱学生的课堂，首先是要关注学生的生命状态、生命节奏，也就是说，任课老师不仅要注意听到教学环节的各种声音，还应该听到学生生命的反映和需求。生命是一切活动的载体，课堂上学生的智力、情绪、身体等各个方面的成长都是基于生命这个生长点的。因此，有效教学、有效的课堂管理，都要从关爱学生的生命做起。

一、关注学生的生命状态

课堂，是师生生命中重要的构成部分，它不仅仅是知识学习的场所，同时也是师生展示智慧、提升能力的所在，是师生生命价值、人生意义得到体现和提升的生命场。作为课堂的主导者，教师有责任和义务积极关注学生的生命状态，为学生提供益于其生命成长的各种条件。常言道，身体是革命的本钱。健康的身体是一切生命活动得以展开的基础和前提，换言之，有生命才可能有一切，没有生命一切生命活动都无从谈起。小学儿童由于年龄小，经验少，小学教师关注学生生命状态的第一要务是关注小学生的生命存在和生命健康，为儿童提供舒适的物理环境。在此基础上，小学教师还应该关注学生的心理状态，营造安全的心理环境，对每一位学生的精神成长负责。

(一)提供舒适的物理环境

教室是学生学校生活的主要场所，按平均每天 5 节室内课计算，每节课 40 分钟，即 200 分钟，一周即 1000 分钟。也就是说，学生每周有将近十六七个小时在教室度过，如此，教室物理环境的舒适程度对学生健康的重要性就突显出来了。作为教师，首先要考虑给学生提供舒适的物理环境，所谓舒适是在保证生命安全的前提下所说的，教室的物理环境应该是没有安全隐患的，教室的装修、装饰，学生使用的课桌、椅子等都应是安全环保的，在此基础上再谈舒适。

1. 教室的光线和颜色

案例指引一：读不好的另一种原因①

一(2)班的小朋友们虽然上学才一学期，但是各种习惯养成得不错，特别是读书习惯尤其好。可是，对今天的课堂上老师在屏幕上展示的词语却读得特别凌乱且声音很小。我觉得不应该呀，这些词语都是从课文中摘取的，课上原本读得很好，怎么今天复习一下，却读得这么差，难道是孩子们忘了？如果真是忘了，可得赶紧复习一下才行。于是我又将几个词领读了一遍，领读时学生读得不错，可再读又是乱七八糟，甚至有几个孩子趁乱不愿意再读，低头玩起了笔。我停下来问学生："这些词原本都会的，为什么今天读成这样？"孩子们委屈地说："老师，太阳光太强了，照得屏幕什么也看不见。"唉，原来是这样，看来读不好是另有原因呀。我赶紧拉上窗帘，关了屏幕上方的灯，再读时果然不错。

教室里的光线原本不是什么大事情，很多教师也并不关注，有的老师即

---

① 本案例由北京航空航天大学附属小学范颖杰老师提供。

使意识到光线可能会对学生的学习有所影响，但是也觉得那是需要学生自身进行调解的事(例如，学生自行调整坐姿，侧身、用手遮挡避开强光或自己拉上窗帘等)，不在老师的职责范围内，自然不需要老师操心。但是从上面这个案例中我们看到，问题并非那么简单，表面似乎并不打眼的光线实际上可以影响很多方面。学生在强光下阅读极易刺激视网膜，造成视力问题。对于个别学生来说，光线还引起了他们情绪上的变化，造成他们将注意力转移到其他事情上，课堂参与度降低。

除了光线以外，课堂中的色彩也很容易被忽视。色彩本身只是一种物理现象，并无情感，但是因为我们在生活中积累了很多的视觉经验，也就赋予了色彩一定的生活意义和观念情感。不同的色彩可以传达不同的感情：红的热烈、奔放、喜庆；蓝的沉静、安宁、理智；黄的柔和、温暖、舒适……单调的教室环境容易使小学生产生疲劳感，影响他们的情绪乃至性格与个性，而色彩丰富、明快的房间则使人显得更富有生气、更活泼、更健康。当下，多媒体在课堂中发挥着举足轻重的作用，那么课件的背景色与文本色的选择也要考虑对学生提取信息和情绪的影响。一般来说，白色、黄色等较浅的底色，亮度较高，学生容易提取信息，不易产生视觉疲劳，但可能吸引力不够，不太容易抓人眼球。然而，颜色太多太杂又极易增加学生的反应时间，产生疲劳感。因此，小学生的课件应该尽量做到颜色丰富且和谐统一。

诸如光线、颜色等小事在我们的课堂中还有很多，例如，课堂进程中突现的噪声应及时处理；需要学生使用的教学材料应安排在学生可以够到的位置；需要边看边写的教学材料如果量比较大则应该做成现成的文本发到孩子手中，避免多次抬头、低头引起学生生理上的不适；大屏幕使用时间不宜过长等。看起来这些都是琐事，但事实上却反映了一位老师眼中有没有儿童，如何看待儿童，是将儿童仅仅看成是自己的工作对象还是一群与自己平等的生命，这是教师学生观和教育观的根本体现。一个有生命气息的课堂，一位具有生命情怀的老师，首先应该关注学生的生命安全和健康，做好这些课堂中的细节管理恰是将儿童的生命安全和健康放在第一位的最好体现。

2. 人性化的空间

(1)让教室的墙面“活”起来。

小学生命课堂的营造需要充满生命气息的班级环境，这样的班级环境可以不知不觉地影响儿童的行为。因此有的学者认为，班级环境也是一种课程。英国曾经做过一项实验，将两所学校的墙壁分别涂成白色和彩色，对比两所学校的学生在性格、个性、行为方式等方面的差异，发现单一色彩的学校学生好攻击，情绪不稳定，而注重颜色搭配的学校学生行为普遍较好。黑板+白墙式的单调的班级布置并不是理想的选择，我们应该努力使班级的墙面布置充满生命活力，使学生们都能在那里找到一片属于自己的小天地，让他们觉得自己是这个环境的主人。

苏霍姆林斯基说："我们在努力做到使学校的墙壁也说话。"所以，在创设小学生命课堂中的班级环境时要尽可能地调动各种物质文化的积极方面，如班级的板报、墙报等。"让教室的每面墙壁都会说话，让教室的每样物件都具有其存在的价值，让我们在教室里感受到孩子成长的力量，让我们每天在教室里能充满信心和勇气。"这就是一个教师布置教室的初衷。首都师范大学初等教育学院的研究生曾经赴澳大利亚学习交流，在那里的小学教室中，四处悬挂着孩子的作品，没有所谓规则，没有顺序，看起来似乎很凌乱，却能让人感觉整个教室很温馨，很和谐。由此可以想到，教室的布置要以学生为主，要突出孩子，要让每个孩子都能感觉到自己很重要。

(2)桌椅摆放灵活化。

传统的课堂中，学生的桌椅大多为插秧式排列。这种排列方式适合于用讲授法进行教学的课堂，方便学生及时看老师的表情和板书，也方便老师观察学生的听讲状态，但这并非适合所有的课堂。比如辩论时，桌椅需要按正、反两方相对摆放，有助于形成两面对擂的氛围，也便于对立两方相互观察、质疑、驳论；小组合作时，桌椅最好围拢在一起，这样学生不必侧身扭头，方便学生的讨论与合作；需要展示表演时，桌椅最好摆放成马蹄型，表演者在中间可以照顾到各个方向的同学。

课堂，不仅是一个知识的传播地，更是一个师生生命共度、共生、共长的场所，是师生共同携手走过的一段生命旅程。这些不同的桌椅摆放形式，不仅是知识学习的需要，更是体现老师对学生生命状态的关注，每一种摆放形式都是为了学生学习过程中更方便、更舒适，是教师的生命素养。另外，值得注意的是，桌椅的高度与比例直接影响学生的视力、脊椎等身体器官的发育与生长。若椅子过高、桌子过低，学生就会因桌子过高，眼与桌面上的书本距离太近变成"拱形"身材，反之，则会导致眼睛近视。关于椅子到底多高，可以让学生保持正确的坐姿，促使学生身体健康发展，可参考日本学者提出的简易公式："S 桌面高度＝坐高/3＋下腿长；椅面高度＝下腿长"来计算。

(二)营造安全的心理环境

课堂管理中，教师除了关注学生的生命健康，还要呵护儿童生命生长，重要的是要为他们营造自由的、特别是精神自由的生命空间，为学生营造安全的心理环境，使他们可以表达生命需求，展现生命状态，促进生命成长。

1. 民主的师生关系

师生关系是一个古老的话题，但可以达成共识的是，良好的师生关系将会化作强大的教育合力，无论对教学质量的提高，还是对学生个体生命的完善都很有益。教师和学生是两种社会角色，角色虽然不同，但是回归到生命，二者却没有任何地位的高低之分，人格的贵贱之异。教师要将学生看成与自己平等的生命个体，关怀、理解和引导学生，创造一个宽松、自由的课堂和民主的师生关系。

(1)交往性课堂。

德国哲学家雅斯贝斯在《什么是教育》一书中指出，“教育本身就意味着：一棵树摇动另一棵树，一朵云推动另一朵云，一个灵魂唤醒另一个灵魂。”教育面对的是人，教育的世界是人的世界，课堂中的师生关系说到根儿上就是人与人的交往关系，对生命的尊重是交往的前提。

案例指引二：让孩子体面地坐下①

在一次听课中，一位老师请同学判断哪组线段是相互垂直的，有一位同学将形如×的两条直线也说成是相互垂直。老师问：“谁同意他的判断请举手。”班里只有三个人举手同意。教师则以多数同学不同意为由，说明这四名同学错误的方法。那位学生因积极举手而争取到的机会，却因答错了，涨红着脸坐下。另三名同学也因属于明显的少数派，而感到沮丧。

在这个案例中，回答错误的学生所感受到的不是尊重和保护，而是自觉在多数同学面前羞愧，在老师面前难为情，这样，以后他们在课堂中有不同意见或与多数同学相左的看法时，则不敢轻易地举手了。他们在课堂交往中感受到的是不安全，不安全则不会向别人轻易袒露自己的真实想法，自在地展示自己自然的生命状态。倘若情境可以变成这样：

生：第二组中的两条线也是互相垂直。(如×形的，错误的答案)

师：(并不急于指出是错的)我们用什么办法检验它们是不是互相垂直呢？

① 刘可钦．刘可钦与主体教育．北京：北京师范大学出版社，2006

学生在教师的进一步启发下，会想到用三角板检验一下，进而知道它们不是互相垂直。

教师仍不轻易指出这是错的，而应用非常宽容理解的口吻对他说：“看来有时只凭眼睛观察是不准确的，可能你坐的位置靠后，造成了这种误差。”

如果上课教师能如后者那样处理，既纠正了学生的错误，教给学生检验的方法，还保全学生的面子，给予了他们安全的交往环境。他有面子，自尊得到维护，自然更愿意与老师亲近，以更开放的生命状态参与课堂。我们的老师，有时候太容易黑是黑，白是白，你错了，有问题，我必须一针见血地指出，好像这样才解渴，才明白透彻。殊不知，这样的做法并没有将学生作为一个与己平等的生命对待，而是有一种自上而下的说教口吻。郑板桥说，难得糊涂。老师有时糊涂一点却是明智的做法。在老师正过着黑白分明的瘾时，已经在与学生的交往中将学生越推越远，使他们越来越不敢说，不敢做。也许这一个知识点学生是明白了，可是他生命的成长却受到了阻滞，这违背了教育的宗旨，是舍本逐末的做法。“……我们不再把教育简单当作现存知识直接传递的过程，而是看作生命与生命的交往与沟通的过程，只有有了这种生命的沟通，才能深刻体现对生命发展的影响。”①

(2)表扬和批评都是为了学生。

表扬与批评是课堂管理中常用而重要的方法。浅显地说，表扬学生是因为老师对学生行为的一种肯定，并期待这种行为再次发生；批评则是指出学生的某种不良行为，避免此种行为再次发生。如果再往下深究一步，也许会引起我们一些思考。老师为什么想要这种行为而不想要那种行为，基于什么呢？是为了使班级更易管理，还是着眼于学生的生命发展？显然，后者才是教育的本真。

案例指引三：该不该批评②

小饭桌结束后，某小学四年级(2)班同学正在安静地读课外书，广播里传来了本月流动红旗的评比结果。“本周获得流动红旗的班级有：……四年级(2)班。”“哇，太好了。”原本安安静静的教室顿时沸腾起来，孩子们互相击掌表达内心的喜悦。正在看小饭桌的老师见状说：“刚评上流动红旗就这么躁动，看来还不是真优秀，真正优秀的班级得能沉得住气，什么时候都能静下

---

① 叶澜．时代精神与新教育理想的构建——关于我国基础教育改革的跨世纪思考．教育研究，1994(10)：3～8

② 本案例由北京航空航天大学附属小学范颖杰老师提供

来。这时候，人家要来检查，就你们这样还能不扣分呀?!都闭上嘴该干嘛干嘛。”学生们陆陆续续都安静下来，内心的激动还是难以掩饰，但老师要求安静，于是个别学生只能通过“眉目传情”的方式表达内心的喜悦。

从案例指引三中不难看出，学生们之所以还要“眉目传情”是因为他们内心的情绪没有得到表达。孩子们努力了一个月终于有了成果——获得了本月流动红旗，他们的心里该是多么骄傲、激动、喜悦呀。回到儿童，难道他们的情绪表达不应该吗？即使是不再安静如初，换个角度看，这又是多好的集体荣誉的教育时机呀。我们的学校不是工厂，学生也不是机器上的零件，都需要卡着一个模子下生产线。孩子是一群鲜活的生命，有生命就有表达的欲望，有被共鸣和共情的需要。这种生命本真的需求是压制不了的，也不应该被压制。正所谓，你可以约束人们怎样做，却管不了人家怎样想。教育从来不是把学生拉到老师设定的框框里，而应尽可能地遵循学生的生命状态，确切地为他们提供发展的助力。老师之所以不让学生表达，是因为在他的心里“流动红旗”或者说自己的成绩与形象高于学生。倘若老师允许孩子们欢呼一两分钟，再好好和孩子们分析一下取得成绩的原因，孩子们自然会分析到“安静地自习”，这样顺势而为，也许更易于被学生接受。

很多学校将“一切为了学生，为了一切学生，为了学生的一切”作为自己的办学理念或主旨，可见，教育的起点和落脚点都在学生这一生命主体。那么表扬也好，批评也罢必须本着“为了学生”这唯一的目的。表扬不是净说好话，不是藏拙，不是和学生套近乎，而在于教师与学生形成坦诚、关怀和相互尊重的关系，使他们不因自身存在的某些不足而对自我价值产生怀疑。批评也不是发泄老师的情绪，不是为了在学生面前立威信，不是为了外在的所谓荣誉或利益，而是真诚地教会学生客观地认识自己，提高他们的自省能力。观念决定行为，当老师能够一切从学生的角度出发，拥有了心系学生未来发展的生命情怀时，他就会选择合适的场合、恰当的语言、适切的情绪被学生所接受。

2. 教师的微笑

达·芬奇的名作《蒙娜丽莎》之所以几百年来备受人们赞赏，很大程度上在于蒙娜丽莎脸上那迷人的微笑。微笑是最美丽的表情，是人与人之间最短的距离。而教师，作为一个与人打交道，致力于发展人、培育人的职业，我们的微笑会对学生传递更多的信息。

(1)尊重和关爱。

教育最需要微笑，学生也需要微笑的老师。因为教师的情绪，教师的脸色，最能直接在学生身上起到影响作用。学生的答案与标准答案相左时，教师微笑着倾听他的想法，学生从中得到了尊重；学生有疑难问题需要老师帮助时，老师微笑着耐心解答，学生得到的是一种关爱。我们经常听见老师给学生纠错时说：“没听懂的问题为什么不问呀?!”学生支支吾吾说不出所以然。试想，看到老师板着面孔，学生敢问吗？他不确定问完之后得到的是不是无情的批评与指责。有的老师与他人交往时笑容满面，单单见到学生就板起面孔。原是想树立威信、让学生怕。殊不知，板起的面孔就像立在师生心灵间的一堵冷冰冰的墙，将师与生的心无情地隔离。心理学认为，人都会喜欢喜欢自己的人。教师发自内心的微笑，传递给学生的信息是尊重、关爱、喜欢，这样的老师也会得到学生的喜欢。所谓“亲其师，信其道”，这样的教师也会收到更好的教育效果。

(2)耐心等待，为学生的成长留白。

教师的微笑还蕴含了一种信任，信任学生最终能够掌握知识的能力和行为，即使他们走得慢了一些，晚了一点，甚至走了弯路，在原地转了几圈，也要坚信学生有能力来调整自身的行为。孩子就像玫瑰花蕾，有不同的花期。最后开的花，与最早开的花一样美丽。

每个生命都有自己的特点，无可替代，不可复制，也正因为这种独特性，生命才更显得珍贵而值得尊重。老师应该相信只要考虑到学生的个别差异，因材施教，就能使每个孩子得到最大限度的发展。教师应该用发展的眼光看待暂时出现的问题。学生处于成长发育期，出现问题是正常的，教师的职责就是要把问题变成教育资源，把问题转化为学生生命成长的机会。教师的内心接受了学生的问题，接受了学生发展中的故病重犯，就会发自内心地信任学生，这时的微笑也能给予学生更多的力量。

(三)引导学生关注自身健康

近些年来，学生的近视率逐年上升，危害了儿童的健康，影响他们的生命质量。导致这种现象的原因很多，比如电子产品使用过多，户外活动时间较少等，但是读写姿势不正确也是很重要的原因，而且这个问题被很多老师忽视。基于此，将此部分内容单独阐述。

1. 正确的坐姿、执笔和读书姿势

生命健康是生命质量的前提和基础，这应该引起所有具有生命情怀的老师的重视。比如，正确的写字姿势是，“头正身直足平，眼离纸面一尺，手离笔尖一寸，胸离桌缘一拳”，也就是我们平时所说的“三个一”。正确的执笔姿势则要抓住手上的几个关键点，老师可针对一年级小学生的特点，采用小儿歌的形式帮助学生记忆并对照自查，“拇指食指捏着，三指四指托着，小指后面藏着，笔杆向后躺着”。这样的小儿歌方便学生记忆，读起来也比较上口。良好的习惯不是一天两天就可以养成的，所以需要老师多提醒、多鼓励、树立典型、常抓不懈。

2. 及时表达身体需求

前面提到，老师要营造安全的课堂氛围，使学生可以自由表达自己的生命需求和感受。比如，在安全的课堂中学生生病了才敢说，坐累了敢适当地放松一下。除了创造安全的课堂让学生敢表达身体需求之外，教师还应该引导孩子及时表达身体需求。比如，某学校一年级小朋友，因水喝多了上课时想去厕所，但是又觉得不应该上课时间去，于是一直忍着，两腿使劲夹着扭来扭去，结果皮肤都擦红了，自己很难受。老师得知情况后，及时与孩子沟通，告诉孩子身体不舒服一定要及时说，健康才是第一位的，之后这个孩子就再也没出现憋尿的情况。

二、形成有序、和谐的课堂

案例指引四：他为什么老去厕所①

刚刚上课，玲杰高高举起了小手，老师以为他要回答问题就把他叫起来了。结果玲杰说他要去厕所。“上课上厕所？下课干吗了?! 这才上课几分钟？等下课再去吧。”玲杰的小手放下了。不一会儿，玲杰又举起手来，“老师，我实在憋不住了。”见到此种情况，老师只好让他去。接着讲课，忽然，又一只小手高高地举起来。老师的目光扫过去，还是玲杰，他又要上厕所。课堂几次被玲杰打断老师显然有些不高兴。“你不是已经去过了吗？怎么又去?!”虽然老师有些不情愿，但还是让玲杰去了。第二天，玲杰妈妈为孩子请假去医院，原来玲杰得了胃肠炎。

思考：老师为什么不情愿？

有效的教学离不开有效的管理，任课老师就是把握着这有效管理的关键人物。然而，当课堂出现无可预料的状况时，老师是以规矩为准，还是以学

---

① 本案例由北京航空航天大学附属小学范颖杰老师提供。

生为重？是以教学进度为主，还是以学生的生命需求为重？不同的解决方法体现出不同的教育观、教师观。

(一)规矩可方可圆

俗话说，“没有规矩，不成方圆。”有效教学的课堂管理一定要根据教学设计和步骤加以实施，形成纪律性和规范性。这是我国课堂管理的一贯主张，是源于工业化时代工厂管理的传统理念。诚然，对于成长期的小学生进行品德教育，规范其行为是十分重要的。但是，不难想象，这样的管理理念和模式容易限制学生，使学生精神紧张、思维压抑、活动受限，同时也是造成师生关系紧张的原因之一。现代学校教育提倡“学生主体”“以人为本”，教学、管理乃至学校教育整体都应该突显这个理念。“学生主体”“以人为本”的课堂管理首先应该关心学生，爱护学生，换言之就是，管理不单单是为了教学，为了成绩，更要关注学生的需求和愿望，关注学生当下的生命状态，这是有效教学的前提。

为此，当课堂教学按部就班地进行，学生处于整齐划一的状况时，管理是统一的、有序的、工整的，这是教学顺利推进的保障。然而，作为有主体意识的学生，每个人都有着不同的思想和需求，那种整齐划一的情况其实是很稀有的，是我们管理出来的效果。众所周知，成长中的小学生思维活跃，乐于活动，对此而言，传统课堂的纪律性和规范性显得过于僵硬和死板，这是和小学生的身心发展特点相悖的。更何况，我国小学阶段的学习任务，在某种意义上超出了学生的负荷极限，学生疲劳过度，视力欠佳，课堂上往往会出现案例指引四的现象。在这种情况下，课堂管理就不再是僵硬、死板的，而应该是可方可圆，富有弹性，体现生命关怀。只有生命得到充足的能量，学生的思维、活动等各方面才能与教学保持同步，达成有效教学。

要想达到以上效果，老师的教育观就非常重要了。也就是说，老师心中课堂教学的应然状态是什么？老师希望什么样的教学效果？课堂教学的目的是什么？这是每一个小学教师都要深思的问题。应该说，“学生主体”“以人为本”的课堂一定是突出学生的，突出学生的学习状况、精神面貌、情感释放、能力提升等，而这些方面的体现都是基于学生的生命这个基点的，因此我们提倡小学课堂管理要突显生命关怀。生命关怀的课堂管理不是拘于形式的管理，不是封闭的管理，更不是压抑的管理，而是要适应学生的生命节奏，适时调整，富有弹性，体现教师的爱，它是保证教学有效的前提，这是当今小学课堂管理最为重要的理念更新。

(二)时间可松可紧

有效课堂，时间安排非常关键。按照教学计划，一堂课中每个时间段都是任课老师事先设计好的，如何保证在单位时间内完成教学计划，让学生的学习取得最大收获成为任课老师的关注点。这是常态的教学进程，是有效教学不可或缺的环节。

但是，回到教育的原点，教育是为了促进学生的身心健康发展。站在这个视角，课堂管理的最终目的在于促进学生各方面的发展。也就是说，学习成绩只是学生发展之一，课标上所明确的“态度、情感、价值观”等能力的达成更是重要的指标。为此，有效教学的课堂管理，关键在于如何看待“有效”二字。这个问题的分辨对于任课老师十分重要，它关系到老师教学的落脚点、课堂的释放点，当然更关系到学生的生长点。目前，我国小学课堂上，老师的讲解非常细致，知识点、难点的强调非常突出，一般占了多半堂课的时间，而留给学生讨论、活动的时间就非常有限了。

毋庸置疑，学生发展是多方面的，对于成长中的小学生来说，知识学习固然重要，但“态度、情感、价值观”的发展也是至关重要的。它可以为学生打下学习的基础、发展的基础，它是小学生生命成长的潜能所在。为此，有效教学的课堂上，时间不应该是固定的、不动的，它要随着教学计划走，更要随着学生的生命成长而动。特别是当学生讨论、小组学习的时候，要充分给予时间，让学生的思维有散发的可能。当师生或者生生之间意见不统一时，更要给足时间，让思想碰撞，让思维开花，营造流动的、交互的氛围。

因此说，有效教学的课堂管理是要尽量减少不合理的、形式上的时间安排，适当的时间安排可以激发学生情感、端正学生态度、养成良好习惯和学习方法等。时间分配的重点，在于调动学生的积极性和好奇心。要把时间还给学生，时间不是控制学生、控制课堂的手段，而应该成为师生互动、生生互动的助力，起激励作用的抓手。这样的课堂管理既有序又合理，收放自如，是开放性课堂、发展性课堂，是学生生命成长的课堂。

(三)满足学生的情感需求

有效教学的课堂管理，不仅有序还要和谐，要创造师生共同成长的空间。古人讲“感人心者，莫先于情”。有效教学的课堂管理要以激发和鼓励学生为主要环节，为此，首先要满足学生的情感需求。

1. 善于倾听、赏识学生

6～12 岁的小学生处于情感发展的关键期，这个时候，周围的人们要多鼓励，多欣赏，让学生感到自己沐浴着光环，有向上的愿望。课堂管理也是如此，任课老师要尊重学生，爱护学生，首先要从善于倾听、赏识学生做起。

《小学教师专业标准》(2012 年 2 月公布)在“四、个人修养与行为”中规定，教师要“富有爱心、责任心、细心和耐心”(第 15 条)。倾听是教师的基本素养之一，是师德之体现。善于倾听的老师一定是有爱心、有耐心的老师，是热爱教育工作，对学生负责的老师。只有倾听，才能走进学生的内心，发现学生的闪光点，才能读懂学生的需求，捕捉学生的生长点；否则，“爱心、责任心、细心和耐心”都将无从谈起。

知识卡

个人修养与行为

1. 富有爱心、责任心、耐心和细心。
2. 乐观向上、热情开朗、有亲和力。
3. 善于自我调节情绪，保持平和心态。
4. 勤于学习，不断进取。
5. 衣着整洁得体，语言规范健康，举止文明礼貌。

——《小学教师专业标准》

在课堂上，老师提出问题后，要相信学生，无论学生说对说错都要耐心听完。特别是低年级的学生，语言表达还不是很清楚，心里想的说不出来或者说不准确，这时候，老师一定要鼓励、诱导，不能不耐烦，更不能为了节省时间就打断学生的发言。学生答好答坏，老师都要给予积极的鼓励，赏识学生，让学生找到自信和向上的力量。这是满足学生情感需求的最好方法，也是尊重、爱护学生的最好体现。

另外，老师提出问题后，也不要急于将答案公布，从而降低了学生探索的乐趣，错失师生互动、生生互动的机缘。问题是激发学生思考、参与的问路石，问题抛出后，老师应该期待什么？正确答案？还是不同见解？以往的课堂，往往要求学生在最短的时间内拿出正确的、统一的答案，对于画外音是不予重视的。但有些课程不然，例如语文课、思品课、科学探究课等，这些课程不是简单的 1+1=2，是锻炼学生欣赏能力、思辨能力、探究精神的课程。这种课程比起统一答案，开发学生的思维、想象力以及探究精神更为重要。在这种课堂上，老师更要倾听第一，激励为主。这样的课堂就是有序、和谐的课堂，是当代小学教育所期待的课堂。

2. 随处可见的肢体语言

肢体语言是课堂教学的好助力，合理运用肢体语言，课堂教学可以得到事半功倍的效果。特别是在小学低年级课堂，无论是从学生的情感需求、心理特点，还是作为教师素养的爱心和耐心，肢体语言都是必不可少的。有研究表明，在人们获得的信息中，7%来自文字，38%来自有声语言，55%来自面部表情。① 由此可见，肢体语言在教育教学中的作用是多么重要！

肢体语言包括眼神、表情、手势、身体接触等，老师可以根据不同年龄段的学生特点，分别加以使用。对于低年级的学生，可以大幅度地使用微笑，将手搭在学生肩上、头上等身体接触的动作，对于中高年级的学生，眼神、手势等动作都是合适的。小学课堂上，老师的肢体语言应该随处可见，这是小学课堂的特点所在。特别是在一些特殊情况发生的时候，肢体语言是能够起到口头语言以上的作用的。例如，某小学的课堂，一个学生正在回答问题，另一个学生也想回答，就插了一句，马上又觉得插嘴不好，就停下了。任课老师发现后，及时给了他一个大拇指，他非常满足。这个大拇指一来表示老师知道他也会回答，二来是表扬他遵守课堂纪律，尊重其他同学。老师的这种动作，表现出作为教师的基本素养。再例如，学生有好的表现，老师不仅语言表扬，还可以抚摸学生的头部加大表扬的力度。学生开小差的时候，老师轻轻走过去拍拍肩膀，提醒学生集中注意力又不影响整体教学。这些肢体语言，其作用远远大于口头语言，小学生是十分认同这种表达形式的。

马卡连柯曾经建议高等师范院校在培养教师时要注意："运用嗓子的技巧、音调、视线和动作上的技巧。这一切，对于教师来说都是很有必要的，如果没有这些技巧，那就不能成为一个好老师。"②这里所言技巧就是现在我们强调的肢体语言，肢体语言是作为教师的基本素养。因此说，小学老师要学会及时、合理地使用肢体语言，这是教师爱和教育智慧的集中体现。用肢体语言可以很大程度地协助任课老师统领课堂，省去一些不必要的时间，减少对立和冲突，加深师生情感，是小学课堂管理的突出特征。

① 刘晓东．非语言因子在地理教学中的运用．安徽师范大学学报，2008(3)

② ［苏］马卡连柯．论共产主义教育．北京：人民教育出版社，1979：406

3. 把机会留给所有的学生

众所周知，小学生心理发展特点之一是个体差异性。这种差异体现在各个方面，学习起点的差异、思维逻辑的差异、认知方法的差异、情感表达的差异等，小学教师要关注和研究这些差异性，有的放矢地计划教学。特别是要思考如何针对不同的学生，采用不同的教学方法，把机会留给所有的学生，这也是和谐课堂的一种体现。

小学课堂上的个体差异问题，可以从设定不同目标，选择不同内容和方法，分层教学，多元评价等多方面加以解决。首先，要求老师把握学生的个性和认识特征，从学生的实际能力出发，发挥其优势，激励学生。其次，座位的排列，小组的分配等也要注意“机会均等”的问题。往往坐在后排或者两边的学生，课上不容易得到老师的注意，参与机会较少，这是当前我国小学课堂的普遍问题，亟待解决。

另外，还有一种个体差异是学生生理层面的差异，例如视力、听力不好的学生，四肢行动不便的学生等，这些是需要特殊关怀的人群，任课老师要给予更多的关心。例如，某一年级的班里，有位肌无力的学生。她很聪明，学习很好，但是病魔缠身，许多活动不能和大家一起参加。班主任采取的方法是区别对待，倾斜照顾。走到她座位时会摸摸她的后背，下课时会揉揉她的肢体，并且为鼓励她康复训练，奖励用的小红花让她自己决定和配发。这种特殊的管理，充分体现了生命关怀。目前，小学中多动症、自闭症等特别的学生比较多，他们的身体、心理都存在着不同程度的弱点，需要特殊照顾。20 世纪 90 年代，联合国教科文组织提出了“全纳教育”的理念，提倡“接纳所有学生，反对歧视排斥，促进积极参与，满足不同需求”[①]的主张。全纳教育思想包含“人权”“民主”“平等”“价值观”等理念，反对任何学生被排斥在教学过程以及学校生活之外，主张学校要努力促进所有学生的积极参与。因此，作为教师，无论从教育“机会均等”的角度，还是“人文关怀”的角度，都要给予他们无微不至的照顾。对于他们来说，能够坐住了就是有效，能够说话了就是有效，不能像一般学生那样要求，要给予特别的关心和呵护，尽可能地把机会留给他们，让他们得到关注，得到尊重，这就是因材施教。

2000 多年前，孔老夫子采用因材施教的教学方法，培育出弟子 3000 人，贤人 72 名，给我们后人留下了宝贵的教育思想。今日，我们仍然要反复领会

① 黄志成．全纳教育——关注所有学生的学习和参与．上海：上海教育出版社，2004：37

和践行古代圣贤的思想，强调因材施教，坚持把机会给所有的学生，让每一个学生都能感到存在的价值、生命的意义，取得不同程度的进步。

三、让管理更加“简单”

案例指引五：老师的“留有时间”[1]

一次，两个学生打架，将教室的桌子弄翻，打到了一个学生的眼睛。当时，好多学生来告状，打架的学生也等着老师来处理。但是，老师并没有当即对他们进行批评，而是先让他们到医务室看病。因伤势不严重，事后老师并没有再提及此事，而是静观学生的反应。

一周后，出手重的学生沉不住气了，主动找老师承认错误，并问老师该怎么办，老师反问他该怎么办。这个学生说出了三点意见：愿意付医疗费，向被打的学生赔礼道歉，在全班公开做检查。老师尊重了这位学生的意见，并为保护这位学生的自尊，取消了第三点。

思考：老师怎么不惩罚打架的学生呢？

小学生正处于好动好闹的年龄段，特别是男孩子，一触即发的争执或者误打误伤的情况时有发生。这种情形，一般都是班主任老师了解情况，然后分别批评教育，严重的还要请家长。然而，案例指引五中的老师采取的却是另外一种方法。他不是立即处理，更不是严厉批评，而是为学生留下时间，让犯错误的学生自己去反思，找出解决问题的方法。这一方面促使学生自我反省，另一方面锻炼了学生勇于承担，使得孩子经历了一次生命的成长。特别是为了保护学生尊严而取消第三点的做法更是非常智慧的教育方法。

有效教学的课堂管理不是中规中矩、有条有序，也不是按部就班、无处不现，而应该是无形的，是更加简单的管理。这种管理基于学生的心理，基于学生生命的特性，既简单不露痕迹，又可以得到最佳的效果。

(一)引导大于管理

引导和管理相辅相成，各有侧重。引导站在人性化的立场，相信学生，尊重学生，以学生的需求和愿望为主，少控制，多自由。管理虽然也提倡学生的自主管理，但很大程度上还是将学生看作控制的对象，管辖、治理的成分比较多。有效教学的课堂管理要抓住“有效”二字，让引导和管理都作用于学生的发展。

---

① 转引自刘慧．生命德育论．北京：人民教育出版社，2012：214

1. 以“引”代“管”，巧用智慧

以引导代替管理，重点在于教育观、儿童观的转变。如果是传统的“教师中心”的论调，自然就是管治为重，而且是压制性的、步步逼近式的。如果是现代“儿童中心”的论调，管理就会变得人性化和自由化。

近年提起的“学生主体”“人文关怀”理念的背后是积极的人性假设、积极的儿童观，这种理念在课堂管理上的运用十分必要。老师持有尊重学生、相信学生、爱护学生的观念，就能实施宽松式的管理，就能通过正面引导替代管理，达到促进学生发展的目的。

引导学生有多种多样的方式，正面开导、集中教育、个别谈话、幽默调节以及前述肢体语言等，关键是尽可能地避开强硬的管理，用好的事例、积极的能量启发学生。案例指引五就是典型的以引导替代管理的事例。按照通常的方法，老师应该把两个学生叫到办公室问话，训话，严重的还要请家长。然而，这位老师所采取的方法显然是引导，因为他的人性假设是性善的，他的儿童观是积极的，所以他说相信学生能处理好后续的事情，结果也正如老师所预测的一样，大事化小，小事化了，非常令人满意。设想如果当时老师批评说，上课了还不进教室！怎么能和同学打架呢？这是正面的教育和管理，那个男生就会更觉得吃亏、怄火，其后果也是可怕的。像这种事例，教育一线时常都有发生。面对这样的情形，老师的站位要高，要善巧方便，避开正面冲突，以关心人、爱护人为核心。这样的管理才是有意义的管理、智慧的管理。

另外，老师期待也是引导学生积极向上的力量。众所周知，积极的心理暗示对于小学生的作用是非常巨大的。老师不必喋喋不休，更不需咄咄逼人，只是一个眼神、一个手势就有可能看到学生的进步，这是多么无形的力量啊！小学生的情感需求远远大于成人，他们非常看重老师的表扬和鼓励。作为老师要充分运用教育智慧，游刃有余地统领课堂，让管理有益于学生的发展。

2. 突发事件的人性化处理

突发事件是课堂教学中经常出现的，突发事件发生后，任课老师的处理方式非常关键，它体现着老师的教育理念、教学观。一位合格的老师，应该具备处理突发事件的能力。处理得当，学生会对老师充满敬仰和信任；相反，不但老师的威信会降低，教学效果也会大打折扣。

对于突发事件，“冷处理”是多数老师惯用的手法。这主要是为了“顾全大局”，不让个别问题影响全班的教学。但是，这里要弄清楚的是，“大局”是什么？突发事件就一定是小事情吗？

案例指引六：机智的表扬[①]

一位女教师在给一个纪律比较差的班级上课时，突然在粉笔盒里摸到一个冰冷冷、软绵绵的东西，吓得她尖叫一声。原来是一条中指粗细的水蛇在粉笔盒里蠕动，全班同学哄堂大笑。

这位女教师努力使自己镇静下来。待笑声稀疏了，她用平稳的语调说："据说，每位接我们班的新老师，都有一份大家赠送的特殊礼物，比如王老师的灰老鼠、郑老师的大王峰……而我呢，你们送了条水蛇。"她微微笑了笑接着说："我是第一次这么近看到蛇，刚才还摸到它，着实吓了我一大跳。不过，我觉得捕捉这条蛇的同学挺好，至少他挺勇敢，有一定的捕蛇经验……"

这时，外号"踏踏跳"的男生凑到同桌"卷毛"的耳边："老师还表扬你呢。"卷毛不自在地摇了摇头。他原以为这堂课会像以往一样有"戏"看，没想到老师还表扬了自己。这是他上五年级以来第一次得到表扬，可他就是高兴不起来，只是呆呆地听着老师讲有关蛇的小故事，有关写蛇的文章……

第二天早上，这位女老师又踏着铃声走进教室，一股清香扑鼻而来。她意外地看到，讲台的粉笔盒上插着一束花，在射进教室的阳光中闪烁着异样的光彩。教室里鸦雀无声，一双双眼睛扑闪着……从此，这个班逐渐变了。

我们看到了这位女教师的机智和智慧。一般来讲，女教师在这种情形下容易失态，进而会发脾气，然而她是那样沉着，有修养，用"表扬"的方法激起了学生惭愧心，促使学生自我改正。从一条水蛇到一束鲜花，这之间只有一天的时间，而在"卷毛"心中所激起的波澜却是激烈的。"卷毛"的变化带来了全班的变化，这就是"冷处理"的效果。只是这种"冷"不是"冷漠"，而是"冷静"，这种不冷不热的处理方法毫无疑问是人性化的教育方法，更是人的教育。因为，这一"表扬"启迪了学生，点燃了学生的希望。

因此说，课堂教学不仅仅是传授知识的过程，更应该是师生共同建构知识的过程。师生共建知识，突发事件就是很好的教学资源。对于有些淘气的学生，正面冲突是最不明智的，机智、艺术性地转化才是最佳解决方案。这样的处理方法既保留了学生的面子，又顾全了大局，非常人性化，尊重了学生，也得到了学生的尊重。

---

① 转引自刘慧．小学德育实践．北京：高等教育出版社，2012：100

(二)形成自主管理

自主管理是指以学生个体作为管理的基本单位，在小组、班级等团体中开展自我教育、自我管理，同时，同伴之间相互提醒、相互监督、相互评价。自主管理是课堂管理的一种形式，更应该成为一种追求。

1. 引导学生自律自治

自己的事情自己做，这是从幼儿园时期就提起的自我管理的基本做法。按照赫尔巴特的“教师中心论”，小学生没有自律自治的能力，所以老师要严加管理。这是传统的儿童观，对学生持否定的、消极的态度。然而，事实并非如此，小学生虽然自制力有限，但如果顺应他们的需求，满足他们的愿望，许多事情还是可以得出好的成效的。例如，小学生非常渴望老师关注自己、重视自己、重用自己，因此，一旦老师给予他们任务，就会十分认真地去做。所以，给学生角色，让他发挥作用就是非常好的锻炼其自律自治的方法。在这个过程中，每个学生都是管理者，又都是被管理者，相互提醒、相互监督，由此形成自我教育和自我管理的能力。目前小学的班集体中，除了班委会、小队等，还设置灯官、桌官等小岗位责任制，意义就在于此。

另外，自主管理的实施一定要从小事做起，不能贪大。例如，学习方面的自主管理，也就是良好的学习习惯是让学生从自己整理书包、准备学习用具开始的。这种事情看起来是小事，但真正坚持不懈地做好，就成就了大事。记得一位诺贝尔奖得主说过，他的成功来自幼儿园时期的教育。在幼儿园，他学会了自己的事情自己做，学会了有好东西要分给其他小朋友，等等这些，都是他成功的基础。因此说，好习惯的养成，依赖于好的自主管理能力。一个人要想成功，首先要把自己的事情做好。

纪律方面的自主管理也要从小处着手，异曲同工。这时老师的主要策略是积极评价，以评价来引导学生。小学生六年的学校生活，是他们形成正确、良好“知情意行”的关键时期，老师要随时关注学生，学生违反纪律时，批评教育是一种方式，正面引导也是一种方式，而且是更加有效的方式。因此，老师不应该盯着学生不犯错误，而是要时时发现积极的、向上的事情，并用以引导学生。因为小学生，特别是低年级学生具有明显的“向师性”特征，他们崇拜权威，渴望得到老师的肯定，因此，以积极评价作为引导，既肯定了做得优秀的学生，又暗示给犯纪律的学生，一举两得，巧妙智慧。久而久之，学生就能认识到学习是自己的事情，管理也是自己的事情，一切均发自学生的内动力，形成良好的行为习惯，道德内化，从而为他们的生命成长打下良好的基础。

2. 学生参与管理

学生到了中高年级以后，就可以尝试让学生亲自参与管理，以提高学生的思辨、监督、参与等能力，充实生命的内涵。学生参与管理可以从建立制度、承包责任、和谐竞争、展现自我等方面着手。

建立制度是指组织内的人员、岗位、数量等一切由学生自己商定。班里的规章制度自不必说，各小组组长、组员的分工，小组内部的职责等也是如此。力争每一个学生都有工作做，人人有责任，事事有人管，这是为了培养学生自主参与的意识；承包责任就是每一项工作都有具体职责和监督机制，每个学生都要认真对待自己的工作，尽职尽责，相互监督，这是为了培养学生的责任心；和谐竞争是一种良性、合理的竞赛，通过比较和交往，让学生看到他人的长处，找到自己的努力方向，养成自主向上的好品质；展现自我就是通过不同活动内容、不同兴趣特长的展现，引导学生增强自信，加强班集体的凝聚力，建立个人与集体之间共同的价值观念，形成团队精神，与班集体息息相关。

此外，还有评价、评优等，所有环节都要以相信学生、鼓励学生为前提。学生在参与管理的过程中逐渐养成自主管理的意识，可以不断超越自我，追求卓越，生命中充满正能量。如此，有效的管理将会直接作用于有效的教学。

(三)无为而治

“无为而治”是老子哲学的核心理念之一，在这里，“无为”是关键词。正如《道德经》所言：“我无为而民自化；我好静而民自正；我无事而民自富；我欲不欲而民自朴。”然而，“无为”的意义何在？“无为”和“有为”又是什么关系呢？

1.“无为”还是“有为”

望文生义地理解“无为”，是无所作为。如果是这样，“无为”能够达到治理的目的吗？试想，一个班级如果没有很好地管理，教学能够顺利推行吗？其实，老子所言“无为”是不妄为，不乱为，不强为，并非什么都不做。这种“无为”是承天受地的“为”，是顺其自然的“为”，所以，“无为而无不为”也就顺理成章了。

那么，课堂管理的“无为”如何体现呢？首先，还是要回到任课老师这里，要纠正老师在认识上的偏差。那就是，管理不是目的，是方法，而引导、诱导比起管理更加有效和便捷。因此，老师要根据客观情形，有所为，也有所不为，通过善巧方便，达到在不为中实现有为的效果。就如同案例指引五中的刘老师，他没有正面“管理”，而是侧面“疏导”，结果既出人意料，也是预料之中的。这种处理方法符合小学生的心理特点，学生感到老师信任我，我一定要好好表现。众人皆知的陶行知先生的“四块糖的故事”，更是“无为而治”“引导有方”的光辉典范。这样的管理从理念到行为无不充满着合理性和人性化，这就是“无为”的管理，是智者的管理。

其次，由于刘老师智慧、无为的管理，那个男生自觉地改正了错误的想法，达成了自主管理的效果。可以想象，以后若是发生同样的事情，那个男生很有可能想起刘老师对自己的信任，也就很有可能避免犯错误。由此可见，有为的管理可以教育、帮助学生，无为的管理同样可以教育、帮助学生，而且更加自然，更加简单。无为的管理就如同流水，总是不经意地陪在我们身边，无孔不入，我们虽然感觉不到它的存在，却能时刻享受其所发挥的作用。

2. 有效课堂上的“无为而治”

“无为而治”的前提是“人人有为”，也就是说，每个人都养成了自我管理的好习惯，“无为而治”也就水到渠成了。因此，作为管理者的首要任务是让大家自我教育、自我感悟、自我成长。前述引导学生自律自治，让学生参与管理的意义就在于此。

“无为而治”是一种理念、一种境界，更是有效的方法。课堂管理坚持“无为而治”，就有望实现有效教学。要做到这一点，第一，老师要相信学生，权力下放，让学生发挥能力。如前所述，老子所言“无为”是顺其自然的“为”。对于思维活跃，乐于参与的小学生来说，把机会给学生，让人人都有所为就是顺其自然的“为”。第二，放手让学生做的事情，老师就不要过多干预。老子讲“治大国若烹小鲜”，干预过多，势必会将小鲜弄残弄碎，因此，要让学生做到底。好是一种收获，不好也是一种历练，对于学生来讲都是有意义的。第一和第二贯通起来实施，学生可以得到很好的锻炼。因为他们知道老师信任他们、看好他们，积极性自然高涨。有了积极性，其生命的状态完全不同。主动、自发、自愿等正能量发挥作用，学习上的有效和进步也是指日可待的。第三，老师的作用在于“提纲挈领”。在放手让学生参与管理的过程中，老师既不能控制也不是放任，而是关注、观望、“时刻准备着”。课堂顺利的时候，老师可以“袖手旁观”；出现问题的时候，老师“赋予期待”，等待学生自己解决；实在需要老师出面的时候，老师“画龙点睛”，重点提示，仍然让学生自我解决。这种管理的方法既是民主师生关系的表现，也体现教师的尊严和权威性。这种尊严和权威不是靠压制、命令强行得到的，而是通过理念、智慧和方法赢得的。学生从心里佩服老师，自然会追随老师，追随课堂。《道德经》言：“天下之至柔，驰骋于天下之至坚”“无有入于无间”，有效教学的课堂管理，就是“无”入于“间”的过程，如此，“无为而治”浑然而成。

总而言之，传统的课堂管理致力于老师的管，将学生当管理的对立面、死靶子，忽视了学生的价值，学生的生命意义。教学评价也是将教学按部就班地推进，学生整齐划一地活动认定为好的课堂。这种管理虽然也是必不可少的，但很多时候，不可避免地压制了学生，限制了学生的个性发展。今后的课堂管理应着眼于激发和鼓励学生，挖掘学生的发展潜能，启发学生的生命能量。为此，管理要从静态走向动态，从封闭走向开放，从计划性走向生成性，一切为了学生的全面发展而发挥作用。

第五章

有效教学评价应体现生命成长
——模式之成效

引言：制定有效教学评价标准的意义

无论是国际经验，还是国内现实都表明：有效教学主要是指有助于学生生命成长的教学。有效教学评价具有激励、导向、诊断和评价等促进学生生命成长的功能。学生生命成长已成为公认的衡量教学成效的标准，但学生生命成长并不是仅仅凭借学业成绩能够评定的。什么是学生生命成长及如何判别学生生命成长，这是一个复杂的问题，也是一个富有挑战性的问题。目前国内正展开对于有效教学评价的各种讨论和实践。这种讨论和实践对促进我国有效教学评价标准的研究及发展有其特殊的意义和价值。

一、理解促进生命成长的教学评价

(一)有效教学评价的本质是什么

1. 什么是有效教学评价

课堂教学是教学过程的中心环节，是教师和学生进行教学活动的主要形式，由学生的学习和教师的教学组成。课堂教学以学生的有效学习为中心，教师的教学要完全为学生的学习服务。评价是一种价值判断的活动，是主体对客体满足需要程度所做出的判断。教学评价是对教师的教和学生的学相统一的教学活动进行价值判断的过程。教学评价是整个教学过程中的重要一环，也是对教学情况全面衡量的一个手段。缺少评价则心中无数，就难以把握实效，就不利于下一步工作的开展。为了促进课堂教学改革，提高课堂教学质量，教学评价在其中起到了关键性的作用。所谓有效教学评价，就是判断我们的课堂是否遵循教学规律，优化了教师、学生、教学环境、教学内容等教学要素，保证了教学内容、教学活动组织、教学方法等合理性；是否有效果，促进了学生的学习，特别是促进了学生的生命成长；是否有效益，学生的进步和发展符合社会和学生个人的教育需求；是否有效率，相对于师生的教学投入，师生的进步和发展是尽可能大的、理想的。

2. 什么是促进生命成长的教学评价

传统的教学评价多看外显的结果，多注重教师的表现。在这种评价体系下，忽视了学生生命成长的本质，学生成了配角，成了看客。这是违背科学原理的评价，是忽视人性的评价，是跟不上社会发展需求的。因此有效的教学评价应将视角逐渐转向学习的主体——学生，也就是说有效的课堂教学评价应促进学生生命成长。站在学生生命成长的角度关注教育，站在学生生命成长的角度审视课堂，应成为当今课堂教学评价的新理念、新趋势。关注生命成长的课堂教学评价是真实的，是有效的。由于课堂评价涉及教学的各个方面，因此，“有效”贯穿于教学的方方面面。从教师层面看，导入要有效、点拨要有效、激励要有效、技术运用要有效、情境气氛要有效、目标确定要有效、师生互动要有效。从学生层面看，自主运用时间要有效、合作交流要有效、思维探索要有效、过程生成要有效、表达阐述要有效、情感体验要有效、活动训练要有效、总结反思要有效、目标达成要有效。无论哪个层面，都应以促进学生生命成长为评判标准，而且是唯一标准。“有效课堂教学评价”也就具有了新形势下的内涵，促进生命成长的教学评价是指教学的各个环节、各种活动都对学生的知识体系构建、综合能力提高、过程中的情感体验等有最大限度地促进。由此可见，是否“有效”看学生，能否“有效”在教师。教师只有眼里有学生，心中装学生，多学习，多研究，才会逐步接近或达到“有效”。如此，在评价时，就可以说这样的教师不仅有了先进的理念，更有了先进的行动。

案例指引一：给孩子一个优点——山东省威海市实验小学评价改革掠影[①]

山东省威海市实验小学实施的“给孩子一个优点，让他们发挥出十个优点”的多元激励性评价，创设出一种“人人快乐，人人创造，人人争先”的环境，呈现出学生群“星”闪烁的景象。

---

① 陶继新，于明伟．给孩子一个优点——山东省威海市实验小学评价改革掠影．中国教育报，2003-08-29

1. 评价内容和指标的多元化

实验小学的多元激励性评价，变单一的注重学业成绩评价为多元的整体性评价，主要从品行、生活和学习三个方面入手。每一方面根据学生的智力发展需要，设立多个子目标，每个子目标又各有自己的奖章和称号，且下设分目标。

比如语文学科进行“语文小博士”的评选，下面就设有“识字小精灵”“写字小巧手”“读书小状元”等 9 个子目标。评选“读书小状元”的标准做了这样的规定：每背诵一篇优秀诗文，盖一枚语文积累章，累计达到 20 个章或者获得相应的阅读考级证书者，就有资格参加“读书小状元”的评选。获得“读书小状元”等 3 个或 3 个以上子目标证书者，则可以授予“语文小博士”的称号。

评价内容和指标的多元化，充分尊重了每一位学生的个体差异性，重在寻找和发现学生身上的闪光点，挖掘和释放学生的潜能，把学生从单纯追求学科分数的焦虑中解放出来，让学生在成长过程中变得更从容、更自信。学生在收获“小能手”“小明星”“小天使”等一系列“跳一跳就够得着”的称号的时候，更多体会到了一种成功的喜悦。

2.“四心相连”的评价

如今，在威海市实验小学，评价不再仅仅是老师的专利和特权，学生本人、同学、家长都参与到对学生的综合评价之中，他们称为“四心相连”的评价。

评价主体的多元化，体现了评价的民主性、开放性和合作性。学生参与到对自己的评价中，成为对自己学习和生活负责的人，培养了学生认识自我、肯定自我和反思自我的习惯和能力；学生之间的相互评价，促进了小组和集体的合作性学习，让孩子置身于同伴之中，了解并学习其他同学的优点，结果是挑别人毛病和告状的少了，找自己不足的多了；通过家长或社区参与到评价中，使孩子的表现从多面性趋向一面性，不再是家校两个样；通过教师评价，学生从鼓励中获取了力量，从警示中吸取了教训。

当然，具体的评价方法更多的是来自一线教师的探索。像三年级的张芳老师就一直为学生不会正确评价别人而苦恼。一次课堂上，在剩下的 5 分钟时间不知道干什么时，她突发灵感，让学生为其他同学写一份“表扬卡”。结果，她收获到了意外的惊喜。“修阳，你这周的数学课表现得真好，下周一定要更好呀。加油，修阳，我相信你！”这是一位平日里学习拖拉、成绩不佳的学生收到的表扬卡。在这个晚上，他一共收到了 17 张类似的表扬卡。也就是从那天起，修阳同学发生了令老师们惊讶的变化。

3.“优点加鼓励”的评价

心理学研究表明，赞美犹如孩子的营养剂。对孩子充满爱心，经常给予激励，孩子就会“茁壮成长”，创造奇迹。

实验小学校长顾翠萍说，在多元激励性评价中，多元是外在的形式，而激励则是贯穿评价始终的灵魂。关爱常系心中，鼓励不绝于口，学生就会有一种阳光的心态，向上的追求。所以，威海市实验小学的评价总是以正面鼓励为主，充满着浓浓的人情味。无论是在学生素质评价手册和各类作业、练习中的书面评价，还是在学生日常表现中进行的口头评价，都是以商讨、赞许与鼓励的语气和学生进行平等的交流。就是一些评价表也设计得那么鼓舞人心，像每周、每月的“家校联系卡”变成了“我学习、我成功、我快乐”的展示表和“飞鸽报喜”的“小喜报”。这种“优点＋鼓励”式的评价，既是对学生身上闪光点的寻觅与发现，也是用鼓励的口吻，针对学生存在的问题与某些方面的不足，及时提出的改进意见与应该达到的目标。

4. 即时性与过程化的评价

传统的评价多是期末时的一次性评价，而多元评价更加注重即时性与过程化，将评价融入日常生活与学习之中，通过每节课的评价，每天的喜报，每周的“家校联系卡”等，及时将学生的表现和需要努力的方向反馈给学生和家长。

顾翠萍认为，孩子做好事犹如作家创作一样，在某种意义上说也是一种灵感，教师如果能够给予即时激励，就会使之产生灵感，甚至出现灵感频闪的景象。刚才做了一件好事，其后还想再做好事；今天做了好事，明天还想再做好事。过程的拉长，也是兴趣的延伸，久而久之，便会形成习惯。期末一算“总账”，总结性评价也就有了喜人的收获。

(二)有效教学评价的作用何在

1. 激励功能

对于学生来说，科学合理的教学评价可以激起学生学习的内部动因。教学评价的结果为学生在学习上的进步情况提供反馈，通过教学评价，学生有机会了解自己学会了什么，学习的程度如何，是进步了还是退步了，是比其他同学学得好，还是比其他同学学得差。教学评价作为对学生学习结果的反馈，可以进一步增强学生的学习动力。科学合理的评价可以提高学生的积极性和学习效果。学生是教育的主体，教师评价要努力发挥其激励学生更积极主动地学习，掌握知识的功能。因此，我们应该在强烈的评价意识和明确的评价目的的基础上突出激励性评价。教师评价应以鼓励、表扬等积极的评价为主，采用激励性的语言，尽量从正面加以引导。教师进行课堂评价的基础就是要真心诚意地对待学生、评价并激励学生。用真诚和智慧去评价才会感动学生，才会起到促进其发展的作用。在教学中运用恰当的激励性评价，不仅可以活跃课堂气氛，激发学生学习兴趣，还可以增强自信心、荣誉感和自豪感。

2. 诊断功能

科学合理的教学评价可以调动教师教学工作的积极性，适时的、客观的教学评价，可以使教师明确教学工作中需努力的方面，使教师把注意力集中在教学任务的某些重要部分。教学评价的结果为改进教学与检验教师提供依据。教师利用评价的结果可以明了课堂教学目标的实现程度，教学活动中使用的方式是否有效，学生的接受程度和学习状况，从而随时调整自己的教学行为，反思和改进自己的教学计划与教学方法，不断提高教学水平。教学评价是以教学目标为依据的，如果评价后学生的学习结果与预期的教学目标相符，表明教师完成了教学任务，教师的教学方法是成功的。如果评价后学生的学习结果与预期的教学目标不相符，那么教师必须重新考虑教学目标的适当性及教学方法的有效性，考虑如何进一步改进教学。

3. 评价功能

教学评价反映着教师教学的质量和水平，可以为教学管理提供比较可靠的依据，也为学校的人事决策提供依据。例如，教学质量评价可以检验教学实验的成败，可以对新旧教材、教法等作出比较性判断。此外，教材、教具的开发，课程设置和师资素质的调查，学生能力的研究都离不开教学质量评价的帮助，对学生学习结果的评价，可为学生学习的质量和水平提供证明，并成为选拔与淘汰、升留级、是否毕业等决策的依据。

4. 导向功能

在推进课程改革的过程中，应树立有效的课堂教学评价观。教学测评既要关注结果又要关注过程，既要关注知识与技能的获得，又要关注情感、态度、价值观的形成、心智的成长。有效教学评价必须是基于标准的评价，教师必须坚持以“基于标准的教学”为课程实施取向，教师应深入解读课程标准，细化分解内容标准，使之具体化、可观察、可测量。

案例指引二：北京汇文小学启发评语改革　孩子一读就乐[①]

1. 行文变儿歌缺点变希望

小学生评语变脸儿孩子一读就乐

“英语学习顶呱呱，课间锻炼跳绳拿”“心灵手巧人人夸，做事认真爱学习”……北京汇文一小一年级(3)班的孩子们寒假前拿到《综合素质评价发展手册》，惊喜地发现，老师写的评语变有趣了，不再是以前的千篇一律，更像是只写给自己的有趣儿歌。

2. 儿歌评语改革孩子喜欢

“我们学校进行评语改革，要求老师们写评语不能千篇一律，而要写成与学生的个性对话。”一年级(3)班班主任周洪梅解释。

为写好评语，老师们没少费脑子。“想了好几天，迟迟未动笔。”周洪梅说，“最后，我是从学生吕品仪身上得到了灵感。”

吕品仪是个很聪明的女孩子，总爱帮助别人，因为画得一手好画，还办过个人画展。一想到她，一连串的形容词从周洪梅脑子里冒出来：善解人意心豁达，多才多艺人人夸……于是，她决定：这学期的评语采用儿歌形式。

“积极发言有想法，纪律还要争红花”“学习努力字进步，还需积极来发言”……儿歌评语，孩子们一读就乐，“写的就是我，写的就是我。”孩子们兴奋地说。周洪梅表示，一、二年级的学生认字不多，读长句比较困难。但儿歌有动感、有韵律，学生们更喜欢。

3. 直指缺点改“反话正说”

虽然汇文一小约900名小学生并非人人都得到儿歌评语，但老师们挖空心思为孩子撰写评语，力求用最简捷的话写出学生的个性特点。这学期不少老师写评语的思考时间都有所增加，通常在两周左右。

近些年来，家长对孩子的教育关注度越来越高。过去写评语，很多老师会直接指出孩子的缺点，比如，缺乏礼貌、不团结同学等。很多过度关注孩子的家长会认为老师的评语刺激孩子幼小的心灵，不利于身心健康。

这学期，老师们学会“反话正说”，将缺点变成希望。“其他评价还好，最难写的是希望。”二年级(3)班班主任阎里说。

据了解，阎里老师写评语时把班中35名学生分成三类：小干部、成绩优秀学生和有进步学生，无论哪种类型的学生，她都会把问题写成希望。

---

① 引自北京日报2013年1月28日

(三)小学课堂有效教学评价的分类

1. 以作用为依据的教学评价分类

美国心理学家本杰明·布鲁姆(Benjamin Bloom)根据评价在教学中实施的时间和发挥的作用不同，把评价分为诊断性评价、形成性评价、总结性评价三种。

“凡事预则立，不预则废”，诊断性评价是指在活动开始之前开展的评价，重在对学生已经形成的知识、能力、情感等发展状况做出合理的评价，为计划的有效实施提供可靠的信息资源，以获取更好的效果。这些信息资源的获取可以通过课堂提问、查阅被评价者课前的有关成绩记录、测验等方式获得。有利于教师摸清学生已经掌握了什么，存在什么知识盲区，对学生原有的知识状态和效果进行分析判断，对发现的问题加以记录。之后通过家访、与学生个别交谈等，尽可能摸清每位学生的生活、学习等情况，然后制定出相应的改进评价措施，只有重视教学诊断和治疗，才能更好地发挥诊断性评价的作用，达到有效考试评价的目的。

形成性评价是指在教学过程中，对正在进行、发展中的教学活动进行相应的价值判断。形成性评价的目的在于确定每个学生在本阶段学习中已经掌握和为顺利进行下一步的学习应当掌握的内容，并帮助每个学生学会那些本应掌握而尚未掌握的要点。形成性评价是教学过程的一个基本组成部分，评价的内容是正在进行的教学过程，它以教学目标作为评价的参照系，包括教师所进行的非正式的观察，课堂问题的回答，课堂及家庭作业，小型测验等。形成性评价的目的侧重于教学的改进和不断完善。

总结性评价是在教学活动结束后进行的评价，是对最终学习结果的检测，它往往以成绩报告单的形式对学生的学习做出较全面的总结。总结性评价的主要目的不是调整教学方法或纠正学习中的不足，而是对学生的成绩和进步进行总结，一般以期中、期末考试来对学生学习的总体效果进行评定。总结性评价是在教学单元或阶段教学结束后，对学生学习结果所作的全面评价，其主要目的是给学生评定成绩，给教师或学校提供关于某个教学方案是否有效的证据。

2. 以标准为依据的教学评价分类

依据评价标准的不同，教学评价可以分为绝对性评价、相对性评价和个体内差异评价。

绝对性评价是把群体中每一位成员的某个指标逐一与评价标准对照，给出一个静态的绝对分数，从而判断其优劣。这种评价的优点在于标准比较客观，可以使评价者看到自己和客观标准之间的差距，以便向标准不断靠近；其缺点是不易全面分析学生之间存在的差异，把冷冰冰的绝对分数作为衡量学生最重要的甚至是唯一的根据，只能考察学生静态的绝对成绩，即在学期结束时所达到的学习水平，不能评定学生在学习过程中的动态发展，即努力程度和进步情况。绝对性评价虽然也可以使学生知晓自己的学习结果，但由于学生进步幅度与评价脱节，学习结果不能得到充分肯定并及时加以强化，从而使得学生的学习积极性大打折扣。

相对性评价是先建立一个评价基准，然后把各个被评对象逐一与基准相比较来判断其优劣。通过相对性评价，学生在学习过程中可感知到自己学习的结果，即看到自己所学知识在实际运用中的成效、进步的大小等。这种有关进步的动态结果信息不仅能激发学生进一步学习的动机，还能使学生发现自己的缺点与不足，从而激发其上进心，使学习动机进一步得到强化。另一方面，教师从学生的进步幅度上比从绝对成绩上获得的反馈信息更丰富、更准确。相对性评价有助于学生看到通过自己努力所取得的进步，建立学习的自信心和自尊心。因此，有效的教学评价不仅采用绝对性评价，更强调相对性评价的作用，既关注绝对成绩的高低，更重视进步幅度的大小，注重二者的有机结合，而不是只取其一。近些年来，教师越来越重视对学生的相对性评价。

个体内差异评价称为个人发展参照评价，它是以评价对象的自身状况为基准，就自身的发展情况进行纵向或横向比较所作出的价值判断。该评价类型充分考虑了学生的个体差异，有利于减轻学生的心理负担和压力，增强自信心，强化学习动力，但它不能确定其达标程度以及在评价群体中的相对位置。

总之，各种评价类型都各有其优、缺点，实际操作中究竟采用何种评价方法，必须视具体问题具体分析，以选择最合适的评价方式。

二、促进生命成长的教学评价需要关注什么

促进生命成长的教学评价需要关注的方面很多，但总体来说，主要包括多元性、科学性、客观性和发展性。

（一）多元性

课堂教学是师生互动的多边活动，课堂评价作为师生交流的有效方式贯穿于课堂教学活动的始终。目前，课堂教学评价存在不少问题：例如，评价主体单一，以教师的评价为主；评价内容单一，在课堂教学中，往往只对结果进行评价，忽视了从知识与能力、过程与方法、情感态度与价值观三个维度进行评价；评价含糊、不明确，为激起学习热情，保持学习的积极性，老师一味地采用鼓励手段，于是“很好”“很棒”这些单一肯定的评价语言便充斥了课堂，教师不能明确引导，指向含糊，学生找不到被表扬的感觉；一些教师的评价并非发自内心，没有投入自己的真情。那么我们该如何有效运用课堂评价，从而激发学生热情，提高学生课堂学习效率，焕发出课堂的生命力呢？有效的课堂教学评价应关注多元性，这种多元性体现在评价主体的多元性、评价方式的多元性和评价层次的多元性等方面。

1. 评价主体的多元性

促进生命成长的教学评价应改变过去以教师为主的单一评价，提倡开展教师评价、学生评价、自我评价、生生互评相结合的多元体评价，让学生由被动接受评价到主动参与评价。新课标明确指出：“实施评价，应注意教师的评价、学生的自我评价与学生间的相互评价相结合。”来自不同主体的评价意见，真实反映课堂教学，从不同角度看到不足和进步，使课堂教学最大程度地满足学生学习发展的实际需要。近些年来在新课标的理念下，评价的主体正在悄悄地发生着可喜的变化——由单一走向多元，课堂上开始散发出浓浓的人文气息。这就要求教师更多地成为评价活动的组织者、协调者，学生们都将参与这一活动成为评价主体中的一员。让评价者始终认为评价是自己的事，评价有了效果；让被评价者最大程度地接受评价结果，评价产生了最大的效果。从而将评价变成学生主动参与、自我反思、自我教育、自我发展、对比反思、共同促进的过程，使课堂评价更全面、公正，更有说服力和指导性。

(1)师评。

教师评价是一种最普遍的评价方式，是教师对学生的学习直接进行评价，这种评价过程体现了教师的主导作用。教师对学生的评价应尽量从正面加以引导，肯定他们知道了什么、掌握了什么。在课堂上，精准而恰如其分的教师评价能够自然地承上启下，引导学生拾级而上。这当中，如果教师不能很好地钻研并吃透教材，评价起来就显得没有底气，甚至会被学生牵着鼻子走；如果教师能游刃有余地驾驭并处理教材，深入了解学生真实的思维活动，深思熟虑地预见学生课堂上可能出现的各种情况，考虑好多样的评价方案，就会胸有成竹，处变不惊，引领学生螺旋上升。

(2)自评。

自评就是让学生自己评价自己，学生是学习的主体，在学习的过程中感受最深、体验最丰富，想说的话自然也最多。自我评价是培养学生主动学习、自我监督、自我反思、自我调节的有效途径。自我评价是学生根据学习的目标和要求，通过主动参与学习活动，开展自我认识、自我教育、自我监控、自我提高的过程。在教学过程中，充分发挥学生的主体地位，让学生学会欣赏自己、评价自己，通过回顾自己成长的足迹，慢慢意识到自己的进步与不足，提高自我反思和自我评价的能力，在自赏自责中敢于肯定自我，提升自我，这是学生健康成长的不竭动力。在教学中，师生可以一起根据不同的课程制定不同的学生自评表。学生灵活使用自我评价表，自主参与评价过程，学会反思和自我赏识，自觉总结了学习方法，构想各种解题的途径，判断了自己学习的效果，找到了自我增长点，不断激励着自己进步。积极引导学生开展自我评价，是培养学生积极的自我意识和自主学习能力的重要途径，是达到“教是为了不教”的境界而采用的重要手段。课堂教学中进行评价时，我们要调动学生自主参与评价的积极性，让他们在参与评价中学会发现自我，提升自我，鼓励他们客观地评价自己，有针对性地做出自我改进，进一步完善自己，养成自我检查、自我调控的意识，从而完成自我激励与超越。心理学的研究也证实，当学生成为学习的主人开展自我评价时，将不断反思自我，调整自我，超越自我。学会自评有利于学生对自己形成一个正确的认识，这也是最难以培养的一种能力。所谓当局者迷，旁观者清。在教学中，学生在朗读、讲故事、做小老师和合作学习等过程中，教师要引导他们对自己的表现作出判断：逐步由概括性评价向具体、客观的评价发展，提高学生的自我监控能力。平时鼓励学生多做自我反思，进行自我比较，找出自己的进步和不足。

(3)互评。

教师的评价往往带有一定的价值倾向，对学生的行动有一定的导向作用，这就需要增强评价主体间的互动，以多渠道的反馈信息促进被评价者的发展。同伴之间用欣赏的眼光、中肯的态度互相评价，能够增进双方的了解和理解，易于形成积极、友好、平等和民主的评价关系。并且，对于学生来说，参与评价也是一次好的学习机会，能在评价别人的同时修正自己的错误，弥补自己的不足。因此，在课堂教学过程中，要发动学生进行互评，使评价者在评价进程中有效地对被评价者的发展过程进行监控和指导，帮助被评价者接纳和认同评价结果，与被评价者一起不断改进，共同发展。

(4)家长参评。

作为家长，他们关注、支持学校的教育，他们是富有生命的个体，他们的知识、经验、兴趣、思维方式都不尽相同。他们作为学生的第一监护人，学生的首任教师，时时刻刻关注学生的成长，并且在学生成长过程中起着不可替代的作用。他们的言谈举止、思想直接影响学生的发展。从他们的意见和建议中更能全面了解学生，了解他们对学生的期望和发展急需，同时，通过参与评价，也能了解到教师对学生的要求以及学生在学校的发展现状，使他们更有效地指导学生全时空、多方面的发展。充分利用家长的智力资源，让家长走进课堂，参与听课、评课，可以拓宽评价的空间，弥补学校师生评课的不足，有利于促进教师的全面发展。

2. 评价方式的多元性

科学的、多维度、多元化的评价方式是实现促进生命成长有效教学评价的途径。教师在进行教学评价时，必须转变传统的教育观念，树立符合时代要求的新的教育观念，倡导多元的评价方式来对学生进行评价。

每个人都有获得新鲜刺激的需求，对于学生而言，更是渴望变化，期待惊喜，追求新鲜。所以课堂评价不应拘于一种形式，而应因人而异，因课而异，因时而异，因发生的情况而异，教师可创造性地对学生进行评价，使被评价的学生都能得到学习成功的满足，提高学习的兴趣，并能积极主动地投入学习，真正让课堂评价语言发挥应有的魅力。例如，教师可以将口头语评价和肢体语言的评价相结合。当听到学生精彩的发言时，快步上前握手祝贺；当学生没思考周全，还不知如何回答时，送上期待、信任的眼神……爱抚地摸头、亲切地握手、深情地拥抱、由衷地鼓掌、有力的大拇指，加上真诚的赞语，如此声情并茂，更能传播一种情绪，交流一种感情。

教师在对学生进行评价时可以采用个人成长记录档案评价。学生个人成长记录档案包括：小制作、论文、心得、课堂日记、对老师的意见和建议——“我想对你说”、课堂教学中我的表现(音像资料)……

教师在对学生进行评价时，也可以利用网络平台评价系统，将所有评价资料在网上共享，教师可以看到学生的，学生也可以查阅教师的情况。课堂教学中我的表现(音像资料)由学生自行根据需要从教师课堂实录上裁剪。在网络上教师学生没有秘密可言，共同交流，获得共同提高。

3. 评价层次的多元性

教师在进行评价时，评价的标准要有层次。教师在进行课堂评价时，不仅要有评价标准，而且在运用标准时，层次要清楚，指向要明确。例如，课堂上老师经常请学生读书，如何对这项学习活动进行评价呢？“你读得很认真，如果能在课下用这样的态度多练习几遍，相信你会读得非常流利。”这个评价对学生的态度进行了肯定，但流利程度不够，学生需在这个方面继续努力。“你读得很好，若是声音能够再响亮些，效果会比现在好很多。”从这个评价，我们可以感受到第二个学生比第一个学生读得好，但美中不足是声音不够响亮，在课堂教学中，用当众说话的标准来看，这显然是不理想的。又如：“你读得很流利，速度放慢一些，情感就能更好地表达”，“你读得真有感情，如果能把字音读准就更好了”……这些贴切的评价语言，使学生知道了朗读要做到读音准确、声音洪亮、快慢适度、语言流畅，同时也明白了只有多练习，朗读水平才会提高。正是这样层层深化的评价语言，才使学生对自己的朗读提出了更高的标准，在一次一次练习中扬长避短，不断进步。

总之，课堂教学是在多元空间和连续时间内进行，因此评价的主体和方式必然也是多元化和多样化的，发挥各种主体的评价作用，能够让学生在教师评价、评价自己和评价他人的过程中认识自我、完善自我、发展自我。

(二)科学性

小学课堂有效教学的评价必须以科学的态度和方法进行评价，即教学评价遵循科学性原则。科学性原则的基本含义是：教学评价的标准和方法，都应科学地设计和安排，既要符合学生的身心发展，也要促进学生的生命成长。

长期以来，人们在如何提高教学评价的科学性方面做出了大量的探索。无论是评价标准的确立还是程序安排和结果处理，都积累了不少行之有效的科学方法。但是，在实际课堂教学评价中常常出现各种各样的科学性失误，例如，评价标准不具体、不明确、不合理，评价程序不严密，评价结果不符合实际，评价内容过于重视知识获得而忽略生命感悟等。出现这些偏差，既和人们对课堂教学评价的理论与技术掌握得不够有关，也和某些人缺乏生命关怀，习惯于凭经验办事有关。为了提高教学评价的科学水准，要求人们教学评价中应遵循科学性原则，具体说，就是要求人们具有科学精神和生命关怀视角来对待教学评价，运用科学原理和方法来开展教学评价。

小学课堂有效教学落实科学性原则，需要从多方面努力。

第一，建立一个科学合理的评价指标体系。只有这样，才能在课堂教学评价过程中有一个科学的依据。在制定评价指标体系时，首先，要注意评价指标的全面性。既要考虑那些表面可见的因素，又要注意那些看不见的潜在因素。因为有时候潜在因素对评价目的会产生更大的影响。如在学生评价中，学生的心理因素就是一个不可见的因素，但它对整个评价进程，特别是对评价结果的反馈有很大的影响。其次，应考虑评价对象的不同状况，做到统一性与灵活性相结合。不同班级的教育对象具有差异，则评价指标应作出调整，以便适应不同教育对象的特点，从而保证评价结果的有效性；同一班级存在不同层次的学生，对待不同层次的学生，课堂教学的评价指标也应作出调整，以便反映评价结果的真实性。因此，在课堂教学评价中，评价指标的内容和要求应具有一定的灵活性，但这种灵活性并不是一味地向低层次迁就，而应有一定的基本标准，使评价对象通过努力可以达到此目标，目标过低会使评价对象满足现状，目标过高又可能挫伤评价对象的积极性。同时，评价标准也应立足于关爱学生、关心生命成长方面，促进不同层次水平和不同特点的学生发展。总之，科学的评价指标体系应具有全面性和统一性。全面性、统一性是基础，但又需要有一定的灵活性，才能正确发挥工作的功能，达到评价目的。

第二，要使定量评价与定性评价相结合。科学性原则还表现在评价方式和方法的选择上。目前教育评价的方法主要有两大类：定量评价和定性评价。这两类不同的评价方法分别使用于不同的对象和领域，但评价复杂的事物，单凭一类方法是难以把问题妥善解决的，应使两者结合起来。课堂教学评价是一个复杂的过程，有些是可以用数量来表示的，对这些现象用定量的方法进行评价清晰可见，简明易懂。但有些现象是不易用数量来表示的，即使勉强用数量来表示，从表面上看，精确性是增加了，实际上却丧失或掩盖了事实的真相。因此，对这类现象就必须用定性方法来评价。同时，定性评价更有利于描述学生成长发展的全过程和优缺点，因此在课堂教学评价中应尽量做到定量评价与定性评价相结合。

因此，在课堂教学评价方法的选择中，定量评价方法和定性评价方法具有同等重要的作用，在具体评价方法的选择中不能偏重一种方法而忽视另一种方法，应该做到定量评价与定性评价相结合，在定性基础上定量，在定量基础上定性，二者互为基础，互为前提。

第三，要整体提高课堂教学评价理论与技术的科学性。课堂教学评价理论除了基本的教学评价论、教育统计学、教育测量学等学科的研究和建设，还需要评价者具有生命教育的思想以及关爱学生、促进学生成长等教育理念。当前，许多教育者还不大了解教育测量、统计、评价的理论和技术，或只看重知识的传授而忽视生命的成长，这些都不利于提高课堂教学评价的科学性。因而，需要采取各种有效措施，传播课堂教学评价的理论与技术，帮助广大教育工作者提高教学评价能力。

(三)客观性

课堂教学评价的客观性原则的要求是：在教学评价中应准确、全面地收集评价对象的信息，并按照实施进行公平的价值判定。它关注的是如何在教学评价中减少评价者个人主观因素的影响问题。课堂教学评价是一项科学性很强的工作，评价工作是否客观、实事求是，关系到评价结果是否正确，也关系到评价目的的实现。因此，从某种程度上说，客观性原则是做好评价工作的基本保证。

在课堂教学评价中，评价主体的个人兴趣爱好、价值观念、情感倾向和人际交往等主观因素影响着评价的结果，往往导致评价结果的失实、失真。客观性原则强调的是在教学评价中应努力消除这些主观因素的干扰，其中特别反对评价者依据个人好恶和需要，而故意褒扬或贬低某些评价对象这类不公正的丑恶现象。客观性原则追求的是评价结论与客观事实的一致性。

贯彻客观性原则，应做到以下几点：首先，应确立、明确具体的评价标准，并保持评价标准的基本稳定性。其次，应规定严密合理的评价程序，并在评价过程中切实遵循程序公正原则。再次，要提高评价主体的职业道德素养，弘扬公正评价观念。最后，要采取多种评价者共同综合评价的方式，来确定评价结果。

(四)发展性

发展性原则是针对课堂教学评价与课堂教学目的之间的关系提出的。它的基本要求是：教学评价要着眼于或有利于教学质量的提高并促进学生身心的全面发展和生命成长。

首先，关于教学评价与教学目的的关系，在实践中有两种对立的现象：一种现象是教学评价左右着教学活动并取代了教学目的，教学评价的要求成了现实的教学目的；另一种现象是教学评价为教学目的服务，教学目的制约着教学评价的实施。应该说，前一种现象是违背教育规律的，在实践上更是有害的；后一种现象才符合教育规律与教育宗旨。发展性原则就是基于教学评价与教学目的之间的各种不同关系而提出的正确处理二者关系的准则，它要求克服教学评价左右教学活动的现象，使教学评价为教学目的服务，发挥教学评价的教育性功能。

其次，教学评价要着眼于学生身心的全面发展。课堂教学评价的内容不应仅仅局限于知识内容的掌握、技能的提高，更应加大对学生情感、态度、价值观、生命状态等内容的关注。随着评价内容侧重点的转移，相应的课堂教学评价方式和方法、评价指标、评价过程等方面都要做出相应调整。教学评价的内容、过程和方法等需要更多地关注学生身心的全面发展、生命状态的展现，使教学评价有助于学生的生命成长和全面发展。

为了贯彻发展性原则，需要树立新的教学评价观念。首先，应确立评价是促进的观念，即把促进学生生命成长作为教学评价的最高要求。其次，应确立评价是服务的观念，即视教学评价为教学的工具和手段，发挥其服务于教学的作用。再次，应确立评价是教学的观念，使教学评价自觉遵循教学规律、符合教学本性。此外，应确立可以促进学生生命成长的教学评价指标、内容、方法和过程，使教学评价有助于学生的身心全面发展。最后，发展性原则的贯彻还要求用发展的眼光看待评价的结论，反对用僵化的、静止的观点来看待和评价学生。

知识卡

小学教师专业标准中对于教师教学评价的要求①

1. 对小学生日常表现进行观察与判断，发现和赏识每一位小学生的点滴进步。

2. 灵活使用多元评价方式，给予小学生恰当的评价和指导。

3. 引导小学生进行积极的自我评价。

4. 利用评价结果不断改进教育教学工作。

---

① 教育部教师工作司．小学教师专业标准(试行)解读．北京：北京师范大学出版社，2013

三、促进生命成长的主要教学评价方式

(一)重视过程性的档案袋评价

1. 什么是档案袋评价

(1)档案袋评价的定义。

档案袋评价在新课程改革中作为质性评价中最为常用的一种，开始在基础教育领域备受关注。它在20世纪90年代伴随着西方的“教育评价体系改革运动”出现，以其深入全面展示学生学习能力，能够促进学生自主学习，并且能够真实反映学生学习过程以促进评价与教学的结合而被教育界众多的研究者关注，被许多一线教师努力实践着。

那么，什么是档案袋呢？档案袋是指在一定目标下的个人作品系统收集，是许多领域中专业人士收集整理其资料、作品等用以展示其技艺和成就的一种方式，拥有“文件夹”“代表作选辑”等意思。画家、摄影家、记者等职业的专业人员将其作为工作中资料的汇总和展示。在教育评价领域中，档案袋则主要在特定教育目标的指导下对学生某方面的资料、学习作品、互评与自评进行整理，在不断更新和完善的过程中反映学生个人的成长与进步，促进学生的发展。

档案袋评价作为评价方式的一种，其定义是：从课堂开始到结束的这一段时间内，收集学生课堂活动方面的表现、作品、个人评价与反思、他人评价以及其他相关记录等资料作为学生的档案袋，并以这些资料作为依据对学生的学习表现、发展状况进行评价，以促进学生能力、情感和知识在原有水平上的持续发展。

知识卡

档案袋评价的种类

美国知名的教育心理学家莱德勒按照功能将档案袋评价划分为五种类型：理想型、展示型、文件型、评价型和课堂型。①

其中课堂型档案袋评价是教师对课堂教学中学生学习状况、小组合作等多种情况的描述。

本文所指的档案袋评价即为课堂型档案袋评价。

① 于晶．档案袋评价在小学语文教学中的应用研究．东北师范大学学报，2012(9)

(2)档案袋评价的特点。

作为一种从实践中涌现出的学生评价方法，学生档案袋评价在国内外教育实践中的运用已有十几年的历史，近几年来也开始受到我国教育理论和教育实践工作者的重视、研究和实验。学生档案袋评价是通过档案袋的制作过程和最终结果的分析而进行的对学生发展状况的评价。通过对学生档案袋评价的理论与实践分析，可以归纳出它的以下特点。

①目的具有针对性。相对于传统评价方式的单一性，档案袋评价在明确的评价目标指导下，关注学生课堂学习的三维目标的实现。因为材料的收集和使用都在课堂教学中进行，因此具有明确性和针对性。无论是从教师制定的评价体系还是档案袋的内容，都在以实现评价目标为根本的前提下进行操作。例如，将体现学生的成就与特长，促进学习的自信心作为评价目标，就可以选择在课堂上展示学生档案袋内的学习成果，收集学生最为满意、最重要的作品。

②选材体现自主性。相对于传统量化评价的内容单调，不能全面地评价学生学习、发展过程等特点，档案袋评价则具有质性评价的优点。如评价的主题是学生本人、家长、同学、教师，学生既对档案的内容进行主要决策，同时也担任着对档案袋内容进行评价、分析、反思的职责。信息收集的过程就是学生体验学习、展示自身能力、自我了解的过程，这种自主性学习使自我意识和独立性获得提升。

③评价者具备交互性。传统课堂教学评价的评价者主要为授课教师，将被评价者及其同学等屏障在评价体系之外。而档案袋评价的交互性原则则体现在评价人员的多样性上，评价人员可以是教师，也可以是被评价者本人，同时还包括了其他同学。首先，师生之间、生生之间的交流与评价促进了被评价者对他人的沟通和交流。其次，这种评价方式强调主客体的交往性，使得课堂教学过程成为互相尊重、信任和平等的交往过程。

④过程重视反思性。反思是档案袋设计的关键，在课堂教学中实施档案袋评价，学生能够针对自己完成档案袋资料的收集、整理、展示等过程进行反思，并主动进行评价。评价课题的反思是否能切实进行，直接决定了档案袋评价的效果。

⑤效果体现学生生命的成长。档案袋评价通过大量资料的收集与被评价者对资料的反思，客观而形象地展现学生生命成长发展过程，呈现被评价者生命成长过程中的问题。当学生展示档案袋的成果时，学生的自信心和自我

反思能力得到提高，从而增强自我效能感。在档案袋评价中运用展示成果的方式，是有助于学生成长与发展最为有效的方式之一。

(3)档案袋评价有助于学生生命成长。

在课堂教学过程中，档案袋评价像一个平台和跳板，教师、学生以及其他同学通过目标设定、对学习过程和结果的反思、自我评价和分析等环节，既增加了教师对学生的了解，也促进了学生对学习过程的理解，更加促进了学生的全面发展和生命成长。

由于传统的标准化测验不能反映学生丰富和多样化的课堂实践，档案袋评价被教师视为一个把学生学习过程、教学指导、课程决策与评价连接起来的崭新的动态手段。与传统的标准化测验追求在评价过程中的外部控制和管理相比，档案袋评价发生在课堂上，由教师自行负责，因而它给追求学生为中心的教师提供捕捉学生独特学习方式的机会。

档案袋评价和传统的评价方法追求的是不同的目标，档案袋评价关注的以下几个方面是传统评价方法所忽视的：

• 评价具体的学习情境之外学生所应发展的方面；

• 评价与教学过程有机结合、相互促进、循环往复；

• 教师在班级决策中给学生和家长积极参与的机会，从而逐步建立起一种学生、教师以及其他成人等所有人之间合作型的伙伴关系；

• 尊重彼此之间的多样性。

2. 档案袋评价的操作

为了充分发挥学生档案袋评价的功能，使它真正成为教师教育教学的有效手段和学生发展成长的有效工具，需要事先对学生档案袋作出良好的设计，否则，它们就会变成纯粹的作品文件夹，无法发挥档案袋的诸多功能。在档案袋评价中一般有五个步骤，它们分别是：

①明确评价目的。一般来说，学生的档案袋评价方法主要目标是评价学生的成长和进步的动态发展过程，促进家长和教师对学生真实情况的了解，培养学生自我评价和自我反省的能力。

②确定评价内容。评价内容的收集主要根据评价的目标而来，通过目的来确定所要与之相匹配的内容。

③设立评价原则。评价原则可以使每个检查学生档案袋的人知道学生到底在做些什么，这些评价原则包括档案袋中每项学生作品的评价原则，所采用的形式可能是核查表等，在对学生作品进行评价并把它们放到档案袋之前，

一定要确保这些评价原则恰当、合适且能为学生所理解和接受。

④设置表现标准。利用评价原则，教师需要帮助学生理解这些评价结果意味着什么以及如何去理解这些结果，为了能够达到这一目的，需要有标准来具体细化这些原则，设置一个恰当的标准，将学生的行为或作品与此相对比，这些标准要与学生共同分享，并且在学生做作品前提供范例。

⑤学生参与其中。在教师明确评价目的、内容、原则和标准后，教师就要考虑如何让学生参与到评价中来。

3. 档案袋评价的个案

为了让读者更好地理解档案袋评价的操作，我们以小学语文课堂的两个案例来说明档案袋评价是如何在教学中应用的。首先我们来看一下语文课文教学中是如何应用档案袋评价的。

案例指引三：What is your favorite animal?

在结束六年级上册的 Animal World 这一单元的学习后，我给学生布置了任务，即写一篇不少于五句话的小作文 What is your favorite animal ? 因为，我已经教授六年级(1)班三年之久，所以他们对档案袋的应用驾轻就熟。

首先，我对学生说："为了解你们对本单元的词汇和句型的掌握情况，今天我们来写一篇小作文。请大家先拿出你们的档案袋。"学生们根据指示拿出档案袋。之后，我对学生说，"请大家先看看以前档案袋内的作文，自己反思和叙述一下以前写作中出现的问题。"学生们开始寻找档案袋内的写作部分，然后一边指着自己写作中的错题，一边叙述错误的原因。

之后，我对学生提问道："谁来说说自己在以前的写作中都有哪些错误?"学生纷纷回答道："我的作文有的单词没有写对"，"我的句子开头没有大写"……

之后，我对学生提问道："怎么样的文章才可以称为一篇好的英语作文?"学生们纷纷举手回答道："单词拼写正确"，"一句话中，句子开头要大写，单词之间有空格，句子结尾有标点"，"写满五句话"，等等。于是，我引导学生一起来制作一个评分表格。经过反复商谈，我们的表格制作结果如下：

作文评分表

单词拼写正确	1
句子开头大写	1

续表

单词之间有空格	1
句子结尾有标点	1
至少五句话	1
超过五句话，有自由发挥	附加 1～3 分

然后，我布置任务说："现在开始写一篇五句话的作文，题目是 What is your favorite animal? 写完后，先小组互相批改一下，然后我们再呈现给老师。"

于是，学生开始认真写作文，先写完的同学检查好后与同组同学相互批改，互相指出彼此的问题，互相进行评价打分。

当所有任务完成后，我要求每组同学推荐一篇好的文章进行全班展示和点评，让每名学生把作文提交给我，我再进行批改。最后将这篇名为 What is your favorite animal ？的文章放进每名学生的档案袋里，以便日后学习时使用。

从上述案例中可以看出，教师在开展英语写作教学时，能够做到以学生为本，学生充分参与到教学中的每个环节。教师即发挥了辅导者的角色，学生也发展了自主性。同时，教师主要发挥了学生的评价能力，请学生自己互评文章并和大家进行分享。这是一个学生互相分享、师生共同交流的过程。在这样的过程中，学生能够最大限度地理解"好文章"的意思和标准，也能有效地培养他们的合作、分享和沟通，是学生成长和发展的一个很重要的方法。同时，这个案例也充分展示出档案袋如何在平时的教学中使用。

案例指引四：家长参与档案袋

家长是档案袋评价活动的重要成员，让学生家长了解档案袋评价的意义、评价的内容以及评价的相关信息，并争取他们的支持和参与，对档案袋评价的实施是非常重要的，特别是在档案袋评价刚起步的时候。

这是一名美术老师在开始档案袋评价之前写给家长的一封信，在信中，教师向家长介绍了档案袋评价的程序，并邀请他们参与选择孩子的作品，加入孩子们的档案袋活动中。

尊敬的家长：

在家长会上，我向你们简单介绍了使用档案袋的情况。在此，我想再详细介绍一下我们的工作。孩子们收集他们在美术课上的作品，保存在教室后墙各自的储物柜里，在之前的学习中，他们和同学们一起交流、分享评价自己的作品。这段时间学习后，每个孩子都有了进步和收获。在本周，我请每名孩子选择三件他们认为特别的作品，然后在组内交流，介绍这三个作品的特别意义，并借此机会培养孩子的审美能力。同时，还要求每个小组互相交流不足之处，并一起讨论如何改进。通过我的观察，孩子们通过对自己作品的反思和评价，开始对自己的强项和不足之处有了清晰的了解，并能够将这次讨论的收获应用到以后的学习中。

另外一个很重要的环节就是要求孩子们和家长一起分享档案袋。我希望您能给予一定的时间，让孩子和你们一起分享他们的三件特殊作品，倾听他们对这三件作品特殊含义的表达。同时，我也希望您能看一看孩子档案袋中的其他作品，并给出一定的评价。在这封信的背面，我附了一张表格，希望你们能表达你们的观点。

各位家长，档案袋请务必于________前交回，这样，孩子们可以把它们保存在档案袋中，以便今后一年里记录和比较孩子们的成长经历。

美术李老师

从这个案例中可以看出教师是如何邀请和指导家长参与档案袋评价的。首先，教师摆脱了一言堂的做法，而是采用生生共同协商来评价以往作品，这增强了学生的参与能力。同时，也给了家长发言和表达自我想法的机会，让家长参与到学生的生命成长中，请家长对学生的点滴进步进行点评，并对学生的些许不足进行指导。

(二)重视生成性的表现性评价

随着提高教育质量的呼声不断提高，人们对如何有效评价学生的学习质量，如何使学生身心全面发展，如何使评价促进学生的生命成长，而表现性评价恰好可以解决这些问题。

1. 什么是表现性评价

(1)表现性评价的内涵。

表现性评价通常要求学生在某种特定的真实或模拟情境中，运用先前所获得的知识完成某项任务或解决某个问题，以考查学生知识与技能的掌握程度，或者问题解决、交流合作和批判性思维等多种复杂能力的发展状况。表现性评价强调创设真实情境，即便是模拟情境，也必须能激发学生在真实情境中相似的能力，以考查学生在现实生活中分析问题和解决问题的能力。因此，有人将它称为真实性评价。

(2)表现性评价的特征。

①评价功能的多样性。表现性评价不仅关注表现结果还关注表现过程，大大提高了被评价者的表现热情，表现性评价能诊断出被评价者的发展现状，并反馈给被评价者，引导其调整自己的目标与行为，获得不断地发展。

②与教学活动的相容性。表现性评价强调在活动过程中进行评价，而在教学中，这种活动就是教学活动，因此，评价与教学融合在一起，教师能够为学生提供及时的反馈，学生可以及时发现问题，及时做出调整。

③结论的不唯一性。表现性评价突出人文关怀，面对不同的问题，具有不同水平的人会有不同的处理方式，会得到不同的见解。因此，被评价者可以根据自己的特长来选择自己擅长的方式解决问题，表现性评价关注其表现过程是否科学，结论的形成是否符合科学的逻辑推理。

④问题情境的真实性。表现性评价是在真实的或仿真的情境中，评价者通过观察被评价者在真实活动过程中(比如围绕解决生活过程中遇到的问题，展开探究)的表现对其进行评价。问题情境越真实，越能激发被评价者的真实表现，也越能真实地反映出发展现状。

⑤实施较困难。真实情境的创设、活动的设计与准备、实施，特别是评价工具的选择与设计都需要耗费大量的时间与精力。同时对教师的知识和能力要求更高，在目前情况下，实施较困难。

⑥需与其他评价方式相结合。表现性评价适于对被评价者学习程序性知识、操作性知识的能力进行评价，可以较真实地反映出其运用知识解决问题的能力及其情感、态度、价值观，但并不能评价所有类型的学习目标，如基本概念等要求识记的知识。所以在具体运用时要视具体情况与传统纸笔测验相结合。

(3)表现性评价的构成。

①要有一个表现性任务。设计一个模拟的或真实的情境和任务，表现性任务要有真实性，在现实生活中取材，与学生的生活经验结合。一个好的表现性任务要有吸引力，能够吸引学生的兴趣；要能够充分反映欲评价的知识和能力，能反映出多方面的教学成果；有清楚明确的指导用语，一些好的表现性任务为学生提供的指导用语都是既完整又清晰的。

②要有一个评价标准。教师要事先设计出一个完善、公平的评价标准，评价标准主要指：评级要点(即要评价的知识与技能、过程与方法、情感态度

与价值观等方面)的表述，每个评价要点不同等级的表现水平的表述(即学生在执行表现性任务时可能的表现)，确定评价标准的一个很好的办法就是考虑进行这个活动的做法会包括哪些?这样有助于帮助你确定一些重要的评价标准。评价标准一定要包括表现性活动的所有重要方面，而且每个表现性活动的评价标准应该是不同的。制定太多的标准和标准过于细化会使评价规程应用起来很麻烦也很耗费时间。另一方面，一个评价标准如果太简略也不会有助于提高学生活动的水平。一个评价标准的详细程度，部分取决于它的用途，部分取决于学生的年龄和学生的技能水平。例如用于学生特殊需要的评价规程，就可以制定得细致一些，以便于教师和学生都知道他们应该集中力量的地方。要划分出不同等级，一般可以用一、二、三、四来表示，对应于“很好”“不错”“还可以”“有待努力”。

③要有一个或几个好的评价者。表现性评价不同于传统纸笔测试的客观、量化的方法，表现性评价有一定的主观性，对评价者要求相对较高，要求教师要及时、全面地观察、记录学生的实际操作和学业成果，要全面收集信息，在缺乏足够信息的时候，不要急于对学生进行评价。

2. 表现性评价的操作

(1)确定表现性评价目标。

明确学习任务，确定可以测量和观察的学习活动。一个合理的评价目标应当考虑四个方面的要素：第一，选定的评价目标在课程和实际工作中是否具有重要意义?也就是说选定的评价目标应当是教学活动最重要的部分。第二，评价目标是否在评价情景以外是真实的，即所选择的评价目标的表现方式，学生能够同样应用这种方式来完成实际工作中需要完成的类似工作任务。第三，确定的目标是否容易被学生、教师理解，所选定的评价目标应当用简约、清晰的语言模式和技术模式来表达，使学生教师都能够轻易理解。第四，评价目标是否有利于学生学习的改进，选定的目标应该聚焦于那些能够促进学生学习，能够与学生交流，促进学生学习必须关注的内容。

(2)设计表现性评价任务。

表现性评价任务是表现性评价的核心部分，紧扣学习目标而设计的特定作业，旨在引发学生的表现行为，从而收集学生表现的特征，作为评价学生的依据。因此表现性评价任务的设定，要能够用来说明或者证明学生已经达到预期的学习目标，并能够自主选择完成任务的方法。

表现性评价任务开发的原则有五项：一是与评价目标相匹配，表现任务的设计必须与学习目标紧密相连。二是进行知识的建构，使用表现性评价的目的是要求学生应用已有的知识和技能来解决问题，从而表现出实际工作的能力。这就要求表现性任务应能够为学生获取、建构新知识提供一种学习机会。三是综合应用各种知识和技能，即学生完成表现性任务需要应用策略性思维与智能。四是展现出所要考察的表现过程与结果，设计的任务不但要关注学生的表现过程，而且要关注学生表现的结果。五是任务应尽可能真实，这就要求表现性任务的背景、活动本身要来源于实际工作。总之，在开发表现性评价任务时，必须遵照上述原则。

(3)确定评价标准和评价方式。

运用什么标准来评价学生的课堂表现，判定这个标准是否能够全面有效地进行评价，为评价目标设计不同的等级水平，并详细说明每个等级水平的要求，以便学生可以清楚地了解自己处于何种水平，哪些地方需要改进，哪些地方已经达到标准。选择合适的评价方式，可以根据学习任务的性质以及表现性评价的目的是诊断性评价、形成性评价还是总结性评价来选择合适的评价工具。以真实性的程度来分，表现性评价可以分为纸笔的表现性评价、辨认的表现性评价、结构化的表现性评价。无论哪一种表现性评价，其实施的步骤都应包含三个部分，评价目标的设定，表现性任务的选择，制定相应的评价规则。

3. 表现性评价的个案

为了让读者更好地理解表现性评价的操作，我们以小学品德与社会课堂的两个案例来说明表现性评价是如何在教学中应用的。

案例指引五：What kinds of TV shows do you like?

任务与指导语：通过调查，了解周围的学生和家长喜欢哪些类型的电视节目，并做好表1中的相关记录。

小组合作，将调查结果进行整理并制成统计表，完成表2。

针对你们小组的调查结果，独立阐述以下两个问题：

(1)从调查表中你可以得到什么信息？

(2)你对这些信息有何看法？

根据表3中的信息，对小组内成员的表现进行评价。

表 1　调查记录表

TV Shows	Boys	Girls	Father	Mother	Sum
Cartoons					
News					
Weather Report					
Entertainments					
Sports Shows					
TV Plays					

表 2　小组的调查统计记录表

TV Shows	Boys	Girls	Father	Mother	Sum
Cartoons					
News					
Weather Report					
Entertainments					
Sports Shows					
TV Plays					

表 3　评价标准

	Level A	Level B	Level C	Level D
情感与态度	兴趣大，积极主动参整个活动过程	有兴趣，大部分时间积极主动	兴趣较欠缺，但能按要求进行统计	对活动无兴趣，不能参与该活动
过程与方法	活动过程明确，有条理。统计方法明确，有目标	活动过程基本条理清楚。统计方法正确明确	活动过程基本清晰，统计方法有不当之处	活动步骤不明确，统计方法有错误
结果	数据真实，记录清晰，能对数据做出合理的解释	数据真实，记录基本清晰，能对数据做出较合理的解释	数据真实，部分记录不清晰，能对数据做出自己的解释	捏造数据，记录不清楚，能对数据做出自己的解释

在这个环节教师设定了表现性评价的标准。教师事先设计出一个完善、公平的评价标准，评价标准主要指：评级要点(即要评价的知识与技能、过程与方法、情感态度与价值观等方面)的表述，每个评价要点不同等级的表现水平的表述(即学生在执行表现性任务时可能的表现)。在表格中评价项目即为评价要点，而评价细则就是每个评价要点不同等级的表现水平的表述，最后的评价结果是按等级评价制定表示的。从这个表格中，我们可以看出教师在使用表现性评价时设定的评价标准内容丰富，要点细致。

案例指引六：制作 Powerpoint

背景：学习六年级第三课《动物园》之后。

目标任务：采取小组合作的方式，用 Powerpoint 做一个演示作品，内容是某一类(个)你喜欢的动物的介绍，并在小组活动中进行相互评价和打分。

小组评分表

<table>
<tr><td>作品名称</td><td colspan="6"></td></tr>
<tr><td rowspan="2">成员姓名</td><td rowspan="2">学号</td><td colspan="3">工作表现自评</td><td rowspan="2">工作表现
组长评价</td><td rowspan="2">分数评定</td></tr>
<tr><td>我能积极
参与</td><td>我的意见
有创新性</td><td>我能配合其他
成员的工作</td></tr>
<tr><td></td><td></td><td></td><td></td><td></td><td></td><td></td></tr>
<tr><td></td><td></td><td></td><td></td><td></td><td></td><td></td></tr>
<tr><td></td><td></td><td></td><td></td><td></td><td></td><td></td></tr>
</table>

第六章

有效教学源于教师的生命智慧
——模式之变通

引言："教师的影响是终生的，你不知道它在哪里停止。"

案例指引一：我长大了当淘粪工

郑渊洁在上小学二年级的时候，班主任赵老师要求写作文，题目是"长大了我干什么"。那时老师都教育学生要有远大理想，所以同学们大多写要当科学家、医生、律师等，郑渊洁写的却是"我长大了要当掏粪工"，没想到受到赵老师的肯定和表扬，并把他的作文推荐到了校刊上。这一举动让郑渊洁顿时产生了一个错觉，觉得自己是这个世上写作文最好的人，从此投入到创作当中一发不可收拾，从而成为了童话大王。

这个案例告诉我们的是，教师对学生的影响力不是一时的而是一世的。我们设想如果赵老师批评郑渊洁说没有出息，没有理想等，那么郑渊洁的人生会是如何呢？更何况，社会工作只有分工不同，没有高低之分。赵老师鼓励郑渊洁不仅仅是对一个学生的作用，也是教育所有学生劳动最光荣。

"学做一名教师是一个漫长而复杂的旅程，期间充满着刺激与挑战"①，这就需要教师的生命智慧。小学教师所从事的教学工作对象是充满生命活力的、正在成长中的小学儿童；小学课堂教学充满了不确定性，并非按照小学教师预先的教学设计进行；小学教师必须随时面对、处理可变的课堂情境，并努力达到满意的效果，这离不开小学教师的生命智慧。

---

① ［美］理查德·I. 阿兰兹. 学会教学. 丛立新，等译. 上海：华东师范大学出版社，2007：序言1

一、有效教师与教师的生命智慧

（一）何谓有效教师

1. 有效教师的涵义

美国学者阿兰兹在《学会教学》中指出，在教育群体中定义有效教师时，多元性应当引起注意。一些人主张，有效教师就是可以与学生建立融洽关系并为个人发展提供育人和关爱的环境的那种人。另一些人则把有效教师定义为热爱学习，对特定专业学科掌握很好，并有能力将学科知识有效地传授给学生的人。还有一些人认为，有效教师是能够积极鼓舞学生致力于更加公平和人性化的社会秩序的人。①

可见，对有效教师的界定，可以分为三类：第一类是从学生的角度，以育人为标准的有效；第二类是从学科的角度，并以学科教学为标准的有效；第三类是社会的角度，以促进社会进步为标准的有效。无论哪一类，只要是达到了要求或意愿或目标，就是有效教师。

2. 有效教师的特征

那么，有效教师有何特征呢？2012 年教育部颁布了《小学教师专业标准》，其中对教师的专业理念与师德、专业知识、专业能力三方面提出了 60 条基本要求。这是我国对合格小学教师的基本要求，也可以理解为是有效教师应具备的条件；而“师德为先，学生为本，能力为重，终身学习”十六字的基本理念，可以理解为有效教师的特征所在。

阿兰兹在上述三种有效教师定义的基础上，进一步区分了教学的前提与有效教学对教师的要求，并由有效教学提出有效教师的四个高级属性。他指出，有效教学有其底线，即教师应当是有知识的，对自己教授的学科能够掌握，并且关心孩子和年青一代的幸福。② 它也要求教师要有成果，主要是指学生的学业成就和社会学习。这些特征是教学的前提，但谈到有效教学，缺少了以下四个高级属性是不够的：

(1)有效教师具备这样的个人品质：能与学生、家长、同事建立互相信赖的关系，并为儿童和青少年创造一个民主、公平的课程环境。

(2)有效教师对于知识有着积极的态度，他们必须掌握至少三类知识，即

---

① ［美］理查德·I. 阿兰兹. 学会教学. 丛立新，等译. 上海：华东师范大学出版社，2007：18

② 同上书，19

有关学科的广泛知识，有关人类发展和学习的知识，以及教育学知识。他们利用这些知识指导其教学研究与实践。

(3)有效教师掌握整套教学技能，激发学生的动机，提高学生的基本技能，提高学生的思维能力，培养自律的学习者。

(4)有效教师善于反思，解决问题，他们认为学会教学是一个终身的过程，并且能够根据实际情况做出调整，同时恰当地利用专业知识提高学生的学习水平，促进学校的发展。

(二)生命智慧是有效教师的核心

1. 何谓生命智慧

生命智慧从古至今有许多的论述，来自多个领域的多个层面，大到宇宙视角，小到个体的生活境遇，生命智慧是从根本性的存在、过程性的生活、价值性的生命意义等多个维度理解关于世界、生命及个体的智慧。

所谓生命智慧就是指生命所具有的指向生存与发展的智慧。它包含了孕育生命的智慧和发展生命的智慧；不仅包含生命在自然进化过程中，自身所形成的保障和有利于生命生存与繁衍的本能性智慧，也包含个体生命在生活过程中所形成的生活性智慧。对于人而言，生活性智慧主要是指对生命本身的生与死、生命与生命、生命与自然等关系的洞察与感悟所形成的智慧。[①]

知识卡

老子哲学思想被认为是生命的智慧，儒家学派的哲学家也被认为是生命哲学家。在传统哲学家中，张横渠将儒家所体现的生命目的，做了最为清晰而完整的表达："为天地立心，为生民立命；为往圣继绝学，为万世开太平。"

2. 教师的生命智慧

教师作为心智成熟的人与学生学习生活的指导者，可以更具发展性地为学生提供优质的教学资源，从教学形式到教学内容、教学效果的评价，其综合的有效教学的实现包含了教师个人的生命智慧。

那么，如何理解教师的生命智慧呢？简言之，教师的生命智慧是其自身生命智慧在教师这一特定职业体验过程中的展现。教师的生命智慧来自个体生活经验的累积，与教师个体的专业基础、职业志趣密切相关。由于每个个

---

① 刘慧．陶养生命智慧．北京：教育科学出版社，2008：55

体生命历程和体验具有独特性，因此教师的生命智慧也有差别；由于教师的生命智慧显现在教师个体与学生个体或群体互作的境遇中，因而也具有一定的差异性和不可预料性。由于教育教学活动的相似性，教师职业技能传习也带有明显的师徒传授的特性，加之学生的发展特点在一定年龄上具有整体意义的趋同性，因而在教学过程中所体现的教师生命智慧也在一定程度上具有相似性。例如，孔子所讲的因材施教，维果茨基的“最近发展区理论”，这些思想和理论的实现都需要教师的生命智慧。再有，在有效教学中，教师生命智慧似一股生命正能量在师生间传递与流动，被学生吸收，并能够转化、内化、活化到学生的生命之中，促进学生生命的健康成长。

(三)教师生命智慧的具体体现

1. 拥有童心，读懂儿童的表达

童心是打开学生心灵的金钥匙。儿童说：“我们心灵的围墙有二十英尺，成人的梯子只有十英尺，他们永远也无法走进我们的内心世界!”也许，正如儿童所说，我们永远无法完全“走进”他们的内心世界，但只要我们站在儿童一边，拥有童心，是可以“走近”儿童生活，并能用儿童接受的方式去教育儿童的。可以说，教育不断发生的过程，正是成人不断缩短离儿童十英尺距离的过程。

案例指引二：无声的怪诞①

这是一个发生在一年级刚入学的故事，故事里有一个新入学的小学生，还有一位新入职的年轻教师。有趣的故事就这样发生了……

小宇是一个特别的孩子，一入学就受到许多老师的关注，他实在是有点闹，集体活动中没有一刻是安静的。老师提醒和说服教育时，他的脸上总是满不在乎的执拗。

说来也巧，我和小宇很投缘。入学初期，我对他十分关注，他便和我十分亲近。这让我很高兴，我以为我成为了他的朋友，但事实完全不如我所愿。

课堂上他的状态十分散漫，不是在兴奋地和同桌闲聊，就是傻傻地发呆，也不愿意回答问题。每当我走到他身边的时候，他就向我做怪异的鬼脸。课间，只要我在班级，他就围着我跑来跑去，时不时地用手打我一下，说实话，孩子下手没有轻重，真的很疼。看到我吓一跳，他很兴奋。看着他的样子我

---

① 本案例由北京清华附小张誉馨老师提供。

真的心里着急啊！我不时把他带在身边，询问他课上的知识是不是都会了，他的反映更怪诞，一边使劲挣脱我，一边大声朝我吼着，“上课没意思，都会了！太简单！”

因为小宇的事，我在课下常常反思，为什么这孩子会有那么多“怪”的表现呢？他到底是怎么想的？翻翻他的作业本，确实做得不错。于是我就放松了对他的警惕，也许是我想多了。他本来就是特别吧！

让我没想到的是，小宇的怪诞真的“惹祸”了！一次课间，同学们都在体育活动，小宇抱着球在我周围跑来跑去。突然，一个老师被球打到了，而用球打人的正是小宇。这次老师们是真的生气了，狠狠地批评他。他的头深深地低下了，没有一句话。

看到他的样子，我很心疼，我想不明白他为什么要这样做？我一个劲儿地向老师们解释，他一定是有原因的，不是故意的！

我找到了小宇。

“老师被你打到了，真的挺疼的！用球打人是不对的。”

小宇，听到我的话，偏着头，不看我。嘴里嘟囔着，“我不是故意的。”

“可以说说你当时为什么那样(做)吗？”

小宇依旧不看我，埋着头，不理我。

“难道我们不是朋友吗？我不会责怪你的，我想也是，我相信你不是故意的！”

我想这样抓住孩子的错误不放，他的心里一定是紧张的。于是，我就迂回地亲近他。

“老师看到你的数学作业做得很好啊！课上的知识都会了吗？嗯，是挺简单。”

一说到数学，小宇明显有精神，抬起头自信地说，“课上的我都会，我还会乘除法呢！我以前学过。”

“这样啊，这么喜欢数学啊，可是在课上，我们不仅在学知识，还会练习学好数学的方法。也许还有许多你不知道的新知识，如果你漏掉了，多可惜啊！”

小宇似乎听明白了，点点头。脸上的表情温顺多了。“我不是想打他(那位老师)，我是想扔给你的！”

我很惊讶，这事竟是因我而起。我故作平静地说：“你是想和老师一起玩球对吗？”

小宇委屈地点点头，我拉过孩子的小手，(这次他没挣脱)慢慢地和他讲道理。

其实，小宇并没有恶意。小宇很喜欢数学的！因此，他想得到数学老师更多的关注和认可。在他心里，我们确实是朋友，甚至他没有把我当作他的老师去敬畏，因此才会如此“没大没小”、不懂礼貌地做出各种怪诞的事。我很想相信他的话，“我是数学天才！”是啊，每个孩子都是天才。唯有贴近他们的心，才能听到他们最纯朴、最真实的想法。

教师只有具备了一颗童心，把自己当作孩子，才会理解学生看似幼稚的言行，珍惜学生的奇思妙想；才可能从孩子的心理年龄出发，与孩子相处，孩子们才愿意与你亲近，才会无拘无束地与你一起欢笑，一起流泪，一起游戏……正像李吉林说：“做一个永远长不大的孩子。”这样，教师才有可能真正走进孩子的心灵，才有可能使教师的人格魅力在孩子身上产生影响，孩子才会不由自主地“亲其师，而信其道”。

儿童的需要是通过他们的情绪、情感与愿望表达的，关注儿童的需要，就要关注儿童的情绪、情感。例如，教师通过了解小学儿童在课程教学中“害怕”什么，从而“预见”小学儿童在小学课程教学中可能出现的需要，并给予恰当的帮助。

帕克·帕尔默在《教学的勇气》一书中写道：“从小学一开始，教育就成了令人恐惧的事。从当学生起，我身处太多充满恐惧的课堂里，这种恐惧导致许多天生热爱学生的孩子产生了憎恨学校的念头。”“据我的经验，学生也是害怕的：害怕失败，害怕不懂，害怕被拖进他们想回避的问题中，害怕暴露了他们的无知或者他们的偏见受到挑战，害怕在同学面前显得自己愚蠢。”[①]

小学教师要了解、关注小学儿童的这些“害怕”情绪，读懂他们的表达，并“提供机会让学生以所期望的方式行动，并从中获得满足感”[②]，以改变他们的“害怕”情绪。

2. 会用儿童听得懂的语言

“着眼于儿童生活的新型教育学理论和实践必须把握好对儿童保持一种体贴和坦率的关系。而不是一味地遵循传统的信念、过时的价值观、陈旧的规

---

① ［美］帕克·帕尔默．教学的勇气——漫步教师心灵．吴国珍，等译．上海：华东师范大学出版社，2005：37～38

② ［美］拉尔夫·泰勒．课程与教学的基本原理．罗康，等译．北京：中国轻工业出版社，2014：80

章制度，以及一成不变的惩罚。”①例如，在小学低年级的课堂上，经常会发生孩子们在下面打闹、搞小动作、随便走动等现象，使得教师无法正常上课。当遇到这样的情况时，以往一些教师，要么视而不见，继续上课；要么大声给孩子讲道理，以为学生会听；要么大发雷霆，训斥一顿，“严加管教”，效果不但不好，有时还会适得其反。

案例指引三：莫用成人的语言对孩子说话②

那是三年级的一位老师执教的《孙中山破陋习》，老师在检查学生的预习情况时说：“同学们，自行阅读文本，只有在与文本的亲密接触中，才能真切地感受作者的感受。”乍一听老师的话，坐在教室后面听课的我真的很担心，担心三年级的学生是否能听懂老师的话。谁知我竟是杞人忧天，孩子们认真地读起课文来，也许是已经习惯了老师这样的要求吧。我们且不管在检查预习时就要求学生“感受作者的感受”是否过早，就说在三年级学生面前把“课文”称为“文本”，把“读课文”叫作“与文本的亲密接触”，我总觉得别扭，这样的教学语言仿佛是在作学术报告，这样的课堂还有什么趣味性可谈呢？那些学习有困难的学生能明白老师的意思吗？

当然，这位老师的教学基本功无可非议，粉笔字写得漂亮，教态自然，富有激情，教学设计条理清晰。在教学精读感悟这一环节时，教师引导学生感悟孙中山先生姐姐的性格特点说：“你能看出这是一个怎样的姐姐呢？”学生在认真自读课文，教师在教室里巡视。“请同学们仔细检索文中的信息，认真思考。这是一个怎样的姐姐呢？”教者的这一启发式要求又让我吃惊不小。“仔细检索文中的信息”？没错，我们的确需要培养学生检索信息的能力，可“仔细检索文中的信息”作为三年级学生的阅读要求，我实在不敢苟同。我忍不住问坐在身旁的一个小男孩什么叫“检索文中的信息”，他茫然地看着我，过了一会儿怯生生地说：“可能是读书吧。”

教师不正视学生的年龄特点，不了解自己的学生，话语方式不当，不用学生听得懂的话教学，学生不知所云，那不是学生笨，而是教师没有遵循教学规律。

说学生听得懂的话，这看似简单的要求，实质并不简单。首先，这样的老师一定目中有人。因为以人为本的教师一定谙熟儿童心理，了解儿童的特

① [加]马克斯·范梅南．教学机智——教育智慧的意蕴．李树英，译．北京：教育科学出版社，2001：5

② 徐莉．说学生听得懂的话．江苏教育：小学教学版，2012(11)

点，站在儿童的立场上，他的教学语言才会通俗易懂，符合学生实际理解的水平。孩子的学习兴趣最初是从听得懂老师的课开始的。脱离学生实际理解能力的晦涩难懂的教学语言是扼杀孩子听课兴趣的第一把利刃。其次，这样的教师会钻研教材，吃透教材，深入浅出，他会用准确、简练的教学语言循循善诱。这样的教师还会博览群书，努力提升自己的文学素养，因为这样，他的语言才具有表现力和感染力。抑扬顿挫、生动形象、引人入胜的教学语言才能营造充满生机的、充满灵性的、富有情趣的课堂。这样的教师更善于巧妙结合非语言手段，借助姿态、表情和手势，使自己的教学语言更具有表现力和感染力。因为教学语言是一门科学，更是一种艺术。说学生听得懂的话，这样的老师才是最受学生喜爱的老师。

案例指引四：装傻①

一位教师在教学生学习“聪”字时，故意对学生说：“‘聪’这个字真难记，我总是记不住它！”同时，该教师还做了一个很笨、很傻而又等待帮助的动作。学生们一听要帮助老师，一个个精神倍增，纷纷举手。

“老师，我帮你，这样记，左边是耳朵的‘耳’，右边是总是的‘总’。”

“老师，这个更好记，这个字由耳、口、心三个字组成，意思是说做事情耳到、口道、心到的人才是聪明的。”

教师的心为之一震，多么形象生动的识字法！

教师又继续说：“可我总是忘记右上部分的两点。”

一个学生说：“老师，你就当它是眼睛，眼到也很重要哦！”

教师很高兴，为获得学生的帮助而高兴，更为学生们的学习热情和智慧而高兴。他真诚地说：“同学们，谢谢你们，我记住了！”

案例指引四是典型的教师运用机智和智慧开展教学的实例。在这里，教师故意装傻，引得学生纷纷献计献策，用他们自己的语言，不同方式地表达，那样形象、那样生动。虽然不是教师直接用孩子的语言说话，但是教师一次次地装傻说明他是听懂了学生的语言，也是在顺着学生的语言，这很大程度地诱发了学生的表达欲。这一效果可以说是远远超出了教师的预想。可见，教师不是从成人的立场出发，以成人的想当然来对待儿童，而是要站在儿童的视角去考虑，用儿童能够接受、理解和欢迎的方式，这样的课堂效果非常好。换言说，使用儿童听得懂的语言开展教育教学活动，才是有效的课堂。

① 转引自曹长德等．教育学案例教学．合肥：中国科学技术大学出版社，2008：102

3. 了解儿童个性特点，富有创造性地工作

何谓儿童？看待儿童其实是看待可能性，一个正在成长过程中的人。①

那么，如何才能了解儿童的个性特点？马克斯·范梅南借助一些学者的论述阐明了这个问题，他写道，我们只能理解我们所关心的一些事或一些人。歌德指出："一个人只会去学习了解他所爱的，理解的知识越深刻越丰富，他的爱就越强烈越鲜明，确切地说是激情。"爱的根本是对人的存在的感知，尤其是当我发现他人的缺点、脆弱或无知时，我体验到了那种无可推卸的爱的责任感的存在：对那些祈求帮助的孩子我责无旁贷。当我爱一个人(孩子或成人)时，我想知道什么对他有益。因此，教育理想是我行动的指南；与此同时，我仍然对特定情境中人的个性保持敏锐的洞察力。② 通过这段文字，我们可以领悟到，教师要了解儿童的个性特点，必须是出于对爱的责任感、对教育理想的追求及敏锐的洞察力。

"儿童需要安全和保护，才能去冒险"，"儿童需要支持才能获得独立"，"孩子们需要我们的方向指引，才能找到他们自己的生活方向"。③

案例指引五：乱画的数学书④

低年级的孩子都喜欢画画，我们班上就有这样一个孩子。

青青在课上很少积极表达。老师都认为，他的反馈比别的孩子慢，是个心智不太成熟的孩子。

一天，我在课上带着同学们做练习，发现青青落后了很多，没有跟上老师的讲解。特别让我恼火的是他的书画得乱七八糟的！空白的地方都画满了。

课上我狠狠地丢给他一句话："别乱画！快做题！"

后来，我发现他的练习册，数学书到处都有画。有的是书上的插画，有是书上的知识、被他放大了的数字题，还有一些看不清楚的零散片段。事后，我了解到青青的爸妈都是学习美术出身。在家里和入学前，青青有一定的绘画基础。

于是，我想到了一个办法：让他画！

我找到了学校里一个高年级孩子的图画本给他看。他看到图画本很兴奋，

---

① [加]马克斯·范梅南．教学机智——教育智慧的意蕴．李树英，译．北京：教育科学出版社，2001：1

② [加]马克斯·范梅南．生活体验研究．宋广文，译．北京：教育科学出版社，2003：7～8

③ [加]马克斯·范梅南．教学机智——教育智慧的意蕴．李树英，译．北京：教育科学出版社，2001：75～80

④ 本案例由北京清华附小张誉馨老师提供。

好奇地问："这是什么啊？"

"这是一本我们学校高年级大姐姐画的数学连环画！"我慢慢地给他讲解连环画的内容，青青时不时地点点头，听得极为认真！

事后，我决定让青青用画画这样特殊的方式学习数学。于是，他每天用一张小纸把在课上听懂的内容画一画，有时还会原创性地给自己出出题，考考自己！周末再用一张大纸，把一周所学的知识画一个简单的连环画！慢慢地，青青的书上干净多了，上课时开始自信地举手回答问题，眼中的目光十分坚定而自信。

文字和数字无非都是一种约定俗成的符号，可在孩子的世界中，这种符号有时并不好理解和应用，孩子都会他们独道的表示方式，构建自己的小知识王国！作为教师，就应该顺应孩子的个性特点，踏上儿童生命的节拍，和上儿童心智发展的节奏，为儿童提供学习的机会和可能性。欣赏、赞扬和鼓励孩子的想象和创造。

从这个案例中，我们也可以看出，教师的教学工作富有理性、研究性、创造性。如果教师不思考、不研究、不创造，是不可能找到适合学生具体问题的教育教学方式的。面对天性各异的小学生，在教学过程中，教师仅仅采用"一种思维训练方式不可能适合所有的儿童"，教师也不要奢望"一次出色的演讲就可以一劳永逸地激励出一个令人赞赏的班级"①，而应不断地、创造性地寻求适合多样而富于变化的工作方式。

4. 具有多学科的知识结构

"教学具有科学的基础——教学实践建立在研究和科学证明的基础上。""教学同样是一种基于教师经验和实践智慧的艺术。"②由此而言，教师若要胜任教学工作，仅有某一学科的知识是绝对不够的。教师要具有超越单一学科的知识结构，要具有比较开阔的视野，比较宽厚的多学科的知识结构，才有可能实施有效教学。"一个人如果只了解自己所学的那门科学，把它作为这门科学特有的一套固定程序，那么，他实际上并不懂那门科学。他缺乏丰富的思想，不具备迅速抓住不同概念之间的关系的能力。他将一无所得，在实际使用中也将反应迟钝、笨手笨脚。"③

5. 具有坚定的教学信念

在纷繁复杂的现实社会中，面对多样的教学目标，教师要有智慧坚守教

① ［英］怀特海．教育的目的．庄莲平，等译．上海：文汇出版社，2012：15

② ［美］理查德·I. 阿兰兹．学会教学．丛立新，等译．上海：华东师范大学出版社，2007：4

③ ［英］怀特海．教育的目的．庄莲平，等译．上海：文汇出版社，2012：71

学的终极目标。阿兰兹指出，生活在像我们这样一个多元和复杂的社会中的公民会期望他们的学校达到许多不同的目标：教授基本学科技能，建立学生的自尊，为学生上大学做好准备，促进全球理解，为学生工作做准备，传递文化遗产。如果教师不能够专心于自己的教学目标，那么时下这些多元化的教育目标只会使教学迷失在泛滥的教育目标之中。教学的终极目标是帮助学生成为独立与自律的学习者。① 可见，无论社会有多么复杂，无论学生的需求有多少，教师始终不能忘记教学的终极目标，教师的教学工作就是为了这一目标的达成。

6. 不为考试而教，培养儿童"活"的能力

现实学校教育中，一些教师受考试制度的影响，往往只向学生灌输这些考试学科的狭隘知识，这是十分有害的。教学不是为考试而行动，课堂有效教学也不是体现在将期末考试中可能出现的问题都讲给学生。如果是这样，则是做坏的做法了。正如怀特海所言："如果一本书籍和一些讲座的目的，是要使学生能够记住所有在一次考试中可能会出现的问题，这本书或这些演讲就代表了这条邪恶之路。"②

教学不是传授"死"的知识，而是要培养"活"的能力。怀特海指出，"不能让知识僵化，而要让它生动活泼起来——这是所有教育的核心问题。""教育的成就取决于对诸多可变因素的精妙调整，因为我们是在与人的思想打交道，而不是与没有生命的物质打交道。激发学生的求知欲，提升其判断力，锻造其对复杂环境的掌控能力，使学生能够运用理论知识对特殊事例做出预见——所有这些能力的塑造，不是单靠几张考试科目表中所体现的几条既定规则就能传授的，"③这需要教师的生命智慧。

7. 自觉采取有效教师所推崇的行为

教师不仅要有坚定的信念，而且要有能在具体的教学过程中实施有效教学的行为，这不仅需要教师的能力，更需要教师的智慧。莱弗朗索瓦兹在《教学的艺术》中，列举了高效教师教学方法的一般特征，把这些特征描述为"建议"或"推荐"的行为，而不是科学研究得出的固定结论。这些行为与教学过程的四个方面有关：班级管理与纪律；教学组织、顺序和呈现；言语活动(交

---

① [美]理查德·I. 阿兰兹. 学会教学. 丛立新，等译. 上海：华东师范大学出版社，2007：18

② [英]怀特海. 教育的目的. 庄莲平，等译. 上海：文汇出版社，2012：8

③ 同上书，8～9

流）；个人内部的活动。这28种行为命名为“有效教学所推崇的行为”①，这也是教师生命智慧在实际教学中的体现。

有效教学所推崇的行为：

教师应该用系统规则处理个人和集体的问题。

教师应阻止不当行为。

教师应正确引导纪律行为。

教师应注意环顾课堂（视察学生的学习任务）。

教师应该以低调方式处理干扰信息（非语言信息，目光接触）。

教师应当确保作业是令人感兴趣的和有价值的，特别是当学生独立完成时。

教师应当用系统规则以使学生使用最少的引导来完成学习任务。

教师应该优化学生的学习时间，学生应积极有效地投入到学习任务中。

教师应当用标准信号获取学生的注意。

教师应该在所有学生都集中注意力后再开始讲话。

教师应运用适合教学的各种教学方法来满足教学需要。

教师应该用系统的标准检查作业。

教师应该把被教授的概念与数学（或其他）游戏和相关的活动联系起来。

教师应该采用一定的方法使具体的活动逐渐转变为抽象的活动。

教师应该运用恰当的高低顺序的问题。

教师应该知道课堂上会发生的事情。

教师应该能在同一时间顾及多个问题。

教师应该推动教学的顺利进行或者推动从一个活动到另一个活动的顺利转变。

教师应保持课堂的节奏。

教师应该将内容清晰地呈现给学生。

教师应该能够激励学生。

教师应该表现出对学生的关心、接受和欣赏。

教师应该对学生明显的或微妙的意思、感情和经验进行正确的反馈。

教师应该给不同的学生提供指导。

当学生的回答不正确或不全正确时，教师应当采用策略，如再定义、提

① ［美］盖伊·莱弗朗索瓦兹．教学的艺术．佐斌，等译．北京：华夏出版社，2004：11

供线索、询问新的问题以帮助学生给出改善了的答案。

教师应该运用表扬来奖励学生突出的工作，对工作不突出的学生给予积极鼓励。

教师应该时不时用温和的批评来表达他们对更多有能力的学生的期望。

教师应该接受和统合学生发展的活动，诸如问题、评论或其他的贡献。

8. 对教育要有责任心与敬畏感

教育是很难的艺术，教育是复杂的。尽管如此，作为教师还是要“知难而上”，因为教育还意味着责任感与敬畏，这是教育本身所具有的宗教性所要求的。怀特海认为，教育的本质在于它那虔诚的宗教性。所谓宗教性的教育是谆谆教导我们要有责任心和敬畏感，责任来自我们对事件发生过程的潜在掌控能力。敬畏的基础在于这样的一种感觉“现在包含着全部的存在，向前……直到永恒。”①

那么，教师都有哪些责任呢？美国学者理查德·I. 阿兰兹在《学会教学》一书中指出，教师有三个重要责任：(1)领导整个学生群体——教学的领导层面；(2)对学生进行直接的、面对面的教学——教学的互动层面；(3)跟同事和家长合作，共同实施教学——教学的组织层面。教师工作的这三个层面共同作用，才有助于教师理解当代复杂社会中令人困惑的系列教学事件。②

9. 不断地认识自己，追求优化自己

认识自己，是一个全方位的、多方面的、持续一生的过程。在此，所谈的认识自己，主要是从教师角色的角度。教师的生命智慧体现在对自己在教学过程中的状况、问题，会进行不断地反思。

对自己的教育教学看法与做法能追根溯源，有一个比较清晰的认识。例如，有研究表明，为什么人们会选择成为教师，教学是个什么样的职业，以及什么样的经验会影响学会教学，其答案是“教师早期面对的重要年长者，如自己的老师和父母”；“教师受自己老师的经验影响，形成了思考和实践教学的方式，这种影响还将继续下去”；“过多地、一成不变地依赖这些早期的经验会使得教师趋于保守，不敢尝试新方法”。③

有意识、有能力克服教学过程中不断出现的“自我否定”的情绪、情感。

---

① ［英］怀特海．教育的目的．庄莲平，等译．上海：文汇出版社，2012：21

② ［美］理查德·I. 阿兰兹．学会教学．丛立新，等译．上海：华东师范大学出版社，2007：序1

③ 同上书，29，31

正如帕克·帕尔默在《教学的勇气》中对自己教学之恐惧的剖析。①

能清楚地意识到："学会教学是一辈子的事。"学做教师是一个漫长而复杂的旅程，贯穿于我们的整个职业生涯。这段旅程充满刺激与挑战，我们须怀着追求卓越的愿望，努力成为理论、实践两个层面的教学专家。②

二、有效教学离不开教师的生命智慧

（一）教师职业需要教师的生命智慧

1. 面对繁重任务

小学教师在面对繁杂的日常工作，常常容易失去生活的热情，遮蔽生命智慧。教师繁重的工作，主要来自课业任务。或许有人认为小学的课业任务非常简单，然而小学教师如何将简单的事情用合适的方法传授给小学生，除了需要一些专业知识外，更需要生命智慧，需要对学生的了解，需要对学生发展的预判，需要实施的技能。即使是这样，也不能完全如愿，因为"应试"的影响，使得许多教师无暇顾及教学是否真正有效而远离教育对完人培养的初衷。

教师繁重的任务，还来自烦杂的事务工作。这是小学教师的职业特点使然，面对发展中的学生，可能会有暂时的、许多的突发情况和需要教师解决的问题，更多的是日复一日需要教师亲力亲为的工作，这使得教师缺少了职业幸福感，形成了惯性思维和做法。

因此，要实现有效教学就需要教师的生命智慧激发职业热忱，转化为教育的实际内动力，完成生命状态的自我提升，以带动学生生命的成长。尤其是当评价机制和工作现状无法改变的，在工作中等级制度无法逾越的情况下，就更需要教师的生命智慧。

2. 面对大班教学

大班教学，仍是现在和未来一段时间内学校教育所面对的主要教学组织形式。从夸美纽斯开始实行班级授课制以来，我国在班级教学尤其是大班教学中，积累了许多经验，也发现了这种组织形式的优势，但依然不可否定大

---

① ［美］帕克·帕尔默．教学的勇气——漫步教师心灵．吴国珍，等译．上海：华东师范大学出版社，2005：37～39

② ［美］理查德·I. 阿兰兹．学会教学．丛立新，等译．上海：华东师范大学出版社，2007：封底

班教学带来的弊端。面对个体独特的要求、个性化的需求，大班教学越来越难以满足，而小班化教学还需要一定的条件才能实现。在这种情况下，满足大班教学需要的、更加有效的教学，则被加倍地呼唤。那么已有的大班教学经验是否能满足当下的社会需要？答案必然是否定的，只会墨守成规教学的教师，可能是一名合格的教师，但绝不会是一名优秀的教师。只有做出合理的教学行为，才有可能使教学有效。

在大班教学中，如何关注每一个学生，关注每个个体生命的需要，如何满足每个学生的基本需要，如何为有特殊需要的学生提供有效帮助，这些对教师而言都是非常严峻的挑战。目前，现实中这方面的问题很多，这成了制约有效教学的"瓶颈"所在，也是困扰许多教师的难题所在。如何破解这一难题？最为需要的是教师的生命智慧。

3. 面对个体差异

关注个体差异是当下教育对个体人的一种回归，面对个体差异的教学则更是关注有效教学达成的体现。差异教学被定义为：教师在课堂教学活动中，从尊重学生的个体差异出发，开展差异性教学活动，以促进每个学生主体性的个性化发展。[①] 就其意义指向分析，是立足学生的个性发展，对个体生命的关注，确切地说是对个体独特生命发展的关注。尤其是在教学中，需要自主性，差异共享和动态生成，这也恰恰是有效教学的体现。因此，在有效教学中如何使个体差异这一重要理念从理论逐渐走向实践，需要教师个体和全体的生命智慧。

从儿童发展的角度看，儿童的自主性发展也需要生命智慧。如何表达个性需求，如何达成个性需求，如何完善个性需求，都是在考验学生的生命智慧，而这对自我认知水平未达到一定成熟阶段的小学生来说，存在一定的困难。这就需要教师的智慧引导，如何让学生学会自主地表达个性需求，再借由教师培养学生达成个性需求的智慧，最终能够不断自我完善。

在学生自主发展中，差异共享也需要教师智慧的引导。尤其是在教学活动中，如何善于倾听，如何悦纳自我与他人，如何在集体中寻求自我与集体的多维度达成，都需要教师运用个人的生命智慧进行碰撞和启发；这一切又都是动态生成的，具有偶然性，因此更需要教师智慧地完成教学活动，促成学生个体多样性的发展。

---

① 曾继云．差异课堂教育学的行为分析．教育理论与实践，2010(9)

除此以外，面对有“特殊需要”的学生，则更是考验教师的智慧。

案例指引六：爱哭是对生活的敏感①

小A是五年级男生，胖胖的，12岁。其他方面都还好，就是爱哭，没有一点男生的样子。同学在黑板上用抹布写了他的名字，他就趴在桌上号啕大哭，不知道的人还以为发生了什么天大的事。他跟同学赌气会哭，被值日生点名也要哭，一哭还停不下来。有一段时间，经常有同学来报告：“小A又哭了。”我找他谈过多次，“男孩子要有男孩子的样子”“男儿有泪不轻弹”“哭能解决什么问题呢?”我甚至对他说过，“你先出去把眼泪流尽了，不想哭的时候，心情平静下来，再跟我讲事情的经过。”可是收效甚微。有时他还会吼着，“我就是想哭，关你什么事。”他妈妈也很着急，想方设法从外界寻求解决方法，看书、上网、听专家讲座，因为她担心这种性格会影响孩子的发展。

对于小A的情况，在使用各种能从教育书籍上找到的方法都无效后，我开始反思，我们到底要培养什么样的孩子？在中国，经常听到这样一句话：“孩子就是一张白纸，你在上面画什么他就是什么。”这是在强调孩子早期的可塑性。我们拼命地灌输知识，总希望自己的孩子赢在起跑线上；而在西方一些国家，很多人都认为孩子是一个独立的有自己内在发展规律的胚胎，孩子的发展，孩子心智的成长规律，没有完全一样的，也没有信手拈来就可以用的教养之道。爱哭是这个年龄段孩子的特质，为什么要强迫他快速地改呢？

对于培养孩子，我们首先要明确自己的培养目标，那就是要培养优秀的人。为此，我们应该关注他，关心他的品德，如人际关系、爱心、同情心以及他的责任感、抗挫能力等，这些才是他一生中最重要的能力。

后来我发现，小A除了爱哭，其他很多方面都表现得很好。他健康、善良、爱思考，学习不用操心。最可贵的是他感悟生活的能力，他的作文都是那种散文化的语言，他会在《乡间晨景》里写“如果你有烦恼事不开心、不愉快，请选择一个清晨来到乡下，坐在一个土坡上，感受着这乡间的晨色，让清新的空气吹进你的心田，带走你的烦恼，让这细雨滋润你的心田，倾听公鸡的打鸣和鸟儿的歌唱，还有那偶尔的几声狗吠，你会忘却一切烦恼，你会陶醉得乐不思蜀。”也许爱哭正体现了他对生活的敏感。

于是我一次又一次地和家长沟通，让家长明白，虽然现阶段他有点儿不像男子汉，但哪个孩子又是完美无缺的呢？我们能做的就是接受他的一切，

---

①　王永林．嫩蕊商量细细开．中国德育，2014(6)：78

尊重孩子。孩子只有在被人理解、宽恕、认可、鼓励和被爱着的状态下，心灵才会有愉悦感、安全感。他才会有顽强的自信去面对生活，才能不断发现自我，挖掘天赋。我在班级里尽量淡化他爱哭的事，有时候他哭了，我们也不去理他，给他一段调整的时间。而对于他写作的特长、善良的性格、整洁的作业，我则经常在班级着力宣传。从此，小A彻底变了，他不爱哭了，变得坚强了、自信了、可爱了。

发展心理学研究表明，人的身心发展既有相对稳定性，又有个体差异性。处于身心发展过程中的小学生，就是这种理论的最好佐证。他们表达情感的方式多种多样，我们没有理由要求孩子们千篇一律。案例指引六中的老师向我们展示了正确的教育观，理解孩子，用智慧的方法引发孩子的长处。教师用生命智慧为儿童的特殊需要撑起一个“保护伞”，也为他的健康成长提供了空间。

4. 面对突发事件

课堂教学中的突发事件时有发生，如何应对呢？这不仅关乎课堂教学如何进行的问题，更关乎对学生造成怎样的影响问题。而教师的生命智慧，会为教师恰当地处理突发事件“保驾护航”。“机智能对意想不到的情境进行崭新的、出乎意料的塑造”——“机智将小事变得有意义”。①

案例指引七：孙双金执教《天游峰的扫路人》片段

师：同学们好，知道我姓什么吗？

生：孙。

师：对，孙悟空的孙。孙悟空有什么本领？

生：孙悟空会七十二变。

孙悟空会翻筋斗云。

他还会降妖除魔。

他还有火眼金睛。

师：好，不像孙老师近视眼。那么，孙家有哪些名人，除了孙悟空？

生：孙中山，孙权，孙友田，孙思邈，孙子。

师：你贵姓？你们家有什么名人？想一想，再自豪地告诉我。

生：我姓邓。邓爱，邓小平。

钟，钟南山。

---

① ［加］马克斯·范梅南．教学机智——教育智慧的意蕴．李树英，译．北京：教育科学出版社，2001：247

朱，朱元璋，朱德。

王，王安石，王羲之，王献之。

师：说了那么多名人，名人生下来就是名人吗？他们是从怎样的人成长起来的？大胆地说，说错了表扬。孙老师上课，说对了表扬，说错了还是表扬。

生：他们都是从普通人成长起来的。（掌声）

师：今天，我们就来学习一篇写普通人的文章。（师板书课题）齐读。

生：（齐读课题，声较轻）

师：大声齐读。

生：（大声齐读课题）

师：看了这个课题，你有什么问题要问老师，问自己？

生：天游峰的扫路人是谁？为什么要写扫路人？

师：好，想到了两个问题，还有不同的问题吗？

生：天游峰为什么有扫路人？

天游峰的扫路人有什么特点？为什么写扫路人？

天游峰位于什么地方？

师：谁知道天游峰位于什么地方？

生：天游峰是武夷山的第一险峰，有900多级阶梯。

师：请你上来。你刚才提了两个问题，综合一下，天游峰是旅游胜地，那里的游人很多，为什么不去写游人，而写一个扫路人，这是你的发现，请你把这个问题写在题目下面。

师：带着问题，请同学们认真读课文，读正确，不要读破句。看看有几个自然段，你喜欢哪一段，就再读一遍。

在上课伊始，教师并没有急于引导学生按照课文的文路进行学习，而是和学生聊了起来，从自己的姓聊开，引发了学生参与的热情，除了自己的姓之外，同姓还有哪些名人？也让学生小小地激动了一下，仿佛说出来的名人真的和自己沾亲带故，更加调动了学生的积极性。这看似无意却又是在教师智慧的引导之下，而与学生提出的问题的对话，更是将学生引到了课堂的中心。用学生的问题反问学生，一方面表明老师听得真切，另一方面也是对其他学生的激励。另外，老师的一句“说对了表扬，说错了还是表扬”更是打开了学生的话匣子，可以想象，之后学生的问题会更加热烈。这是教师调控课堂，让学生唱主角的学生观的体现。

再看学生的质疑，都是学生在学习中遇到的困难，这是提升学生认识，发展情意的生长点。当学生将这些问题踢出来时，教学才真正迈向了有效。不过学生看似简单的提问，在课堂上呈现并不容易，这需要教师机智的引导。如何让学生能够开口提问，如何让课堂服务于学生的真正需要，帮助学生进一步发展思维，这些都是考验教师教学机智的难点，正因此，在课堂上难以听到学生真正的发问。没了学生的真问题，课堂也就变了味。

(二) 有效教学中教师的教学机智

教师的教学机智是生命智慧的外显形式，是教师综合运用专业能力，调动专业情意的表现。教师的教学机智是一种情境化的行为展现，是在一定特殊的教学情境中，由具体的情况和教师的专业基础决定的。教学机智具有两个基本特点：一是随机性，面对流动的、生成性的教育情境，教师需要因势利导，使教学的效果达到最优化；二是及时性，由于随机性的产生是教育真情境中的必然现象，所以教师也要及时抓住教学过程中的契机，展开教学行为。有些教学情境，只要抓住了，因势利导就能变成不可多得的教育生长点。当然，教师能够及时发现教育契机是基础，还要有得当的教育行为。因为师生是在一定的教学行为中相互碰撞的，当教师能够恰当地处理教育契机时，教学机智就在课堂中蔓延开来。

1. 着眼学生未来

案例指引八："肯定"的魅力①

一次生物课上，教师引导学生开始学习《爬行动物——蜥蜴》一节，后排有个学生赵某突然怪叫一声，引得全班哄堂大笑。继而，全班同学紧张得一声不响，看着老师。拐角的赵某也有些后怕，等待着老师的批评。老师考虑到该生从山区学校转来，便平静地提出该生容易回答的问题。

师：你知道蜥蜴生活在什么地方吗?

生：(一愣，遂答)山坡、树林、房屋附近都有。

师：关于蜥蜴你还知道哪些?

生：它的尾巴会断。

师：蜥蜴为什么易断尾而不容易断脚或断头呢?

生：(摇头)

① 转引自曹长德等．教育学案例教学．合肥：中国科学技术大学出版社，2008：99～100

师：赵同学不仅知道蜥蜴生活的环境，还知道它有断尾现象，这说明赵同学平时注意观察动物现象，这是值得大家学习的。这一课，我们不仅要知道蜥蜴的生活环境，还要解释它断尾的意义，断尾为什么还能动等有趣的生物现象。还要学习……

至此，教师不仅调和了刚才紧张的师生对立现象，而且成功地导入了教学。这一课赵某听得很用心。课后教师没有找赵某，赵某却来找老师问了一些生物小常识。老师因势利导就上课的事与他谈了话，以后他再也没有上课违纪的现象了。

学生课上出洋相，一般来讲老师不是采取不理睬的冷处理，就是火辣辣地痛批学生一顿，这两种方法无论是从师生关系来讲，还是教学策略方面，都是不合适的。那么，面对活泼爱动的小学生，特别是爱出风头的调皮学生，教师该如何应对呢？案例指引八中的老师为我们做出了榜样。他避开了与学生的正面冲突，巧妙地利用学生的生活环境和个性特点，静悄悄地平息了课堂的混乱，将教学导入正常。更重要的是，通过与该学生的对话，启发了那个调皮学生对生物学习的兴趣，为孩子未来的发展打开了出路。该教师的处理方法体现了教师在课堂教学中的主导和教学机智，不但完成了教学计划，还将课堂学习内容延至课外，引导学生带着思考离开课堂，进而开展进一步的、有兴趣的学习。这是教师应该具备的教育素养，更是教育智慧的最好体现。

2. 唤醒生命体验

案例指引九：窦桂梅执教《大脚丫跳芭蕾》课堂教学片段

活动一："我发现……"

（出示第一张幻灯片，封面）

问：你看到了什么？

答：脚特别大，享受舞蹈。

问：你对芭蕾了解些什么？

答：对舞者身体比例要求高，比如腿长，等等。

追问：你是从哪里知道这些知识的？

答：书上看来。

（评：你真了不起，还是个很爱分享的好孩子）

师：好，看这里。你来做一下这个动作，谈感受。

（全体起立做动作，摇摇晃晃）

师：做起来很难。艾米扬是一位插画作家。

（第二张幻灯片：我发现……）

（学生看幻灯片，老师读文字部分，入情入境）

答：1. 雷同——脚大，失落等。

2. 从镜子里看上去，她的脚仿佛更大了。

（评：这位同学不错，善于从图中发现信息，用自己的眼睛去看，从图中去发现）

3. 所有的色彩都是灰色，暗色调。对应她此时的心境。

4.（上前凑近观看）浴缸的上方，喷头只有一滴水，像眼泪！

师：你经历过这样的事吗？

答：1. 喜欢跳舞，因为脚大被筛掉。（五年级，38 码）

2. 学拉丁舞。因为身材偏胖，改学书法。

师：原来你们也和贝琳娜一样，也有自己喜欢的东西，也受到过打击。

师：假如你是艾米扬，你会画怎样的一幅画，怎样表现？

（一位男生上台，白板上画，其他同学说自己的构思）

答：1. 我会画美丽的公园，贝琳娜独自坐在长椅上发呆。

2. 我会画阳光灿烂，满园花开，贝琳娜头上独自飘雪。

3. 我会画很多以前跳舞的照片，艾琳娜独自站在墙边观赏。

4. 我会画她抱着芭蕾舞裙和舞鞋伤心。

教师的教学机智不仅仅是对学生情智的引导，有时更是对学生已有生命体验的唤醒。案例指引九中，窦老师充分开发了绘本教学的优势。她一边让学生读课文，一边让学生用身体体验，很好地激发了学生已有的生活经历。一般来讲，语文课主要以读、写、说等为主，而窦老师的课却带上了动作，带着学生已有的感受去阅读贝琳达的经历，这对绘本的文字与图画的理解起到了促进作用。对这一巧妙的教学设计，深入思考还能发现教师的别具匠心。从与主人公相似的经历入手，使学生回归个体的生活中，这是教师的机智所在，创设情境，帮助学生建立学习的前联系；而怎样绘画，则是从个人到绘本的自然连接，将个性如何在共性之中，又符合绘本学习的方法，这也是教师的机智。引导学生带着个性的理解，回归故事，回归文字，回归图画，既是个性体验的开放，也是对个体缺失的补救和疏导。这样教学就不仅仅指向语文意义的学习，也是对学生个性生命体验唤醒之后的一种关照。

3. 关注教育细节

案例指引十：珍视学生的“独特”体验①

记得在教一年级《北风和小鱼》一文时，曾出现这样一个很有意义的教学片段：

师：“哈哈，大家都怕我”是北风傲慢地向小鱼说的一句话，小朋友们想一想，朗读这句话时，怎样最能表现出北风的傲慢？你们可以带上动作、表情来朗读。（学生们活跃起来，都在指手画脚地试读）

生：“哈哈，大家（读得很重很长）都怕我。”（他摇摇头，小脸上带着不屑的表情，他理解了，说明所有的人都怕我北风）

生：“哈哈，大家都（读得很重）怕我。”（一个“都”说明没有一个人不怕我北风）

生：“哈哈，大家都怕（读得重）我。”（一个“怕”字，说明大家不是喜欢我，亲近我，而是怕我）

生：“哈哈，大家都怕我（重读）。”（他边读，一只小手插在腰上，一只小手指着自己，一脸的傲慢，不可一世）

我细心地倾听着，孩子们各有各的理解，课堂也因此而生动起来！成功的喜悦，把被动的学习语文变为自主而快乐地享受语文。阅读教学本身就是一种个性化的学习行为，更是一种鲜活的生命状态。我们必须尊重学生的生活体验和情感体验，尊重学生独特的生命感受，才能拓展学生思维的空间，提高阅读质量。

正如案例指引十中教师所理解的，阅读教学是一种个性化的学习行为，读是学生的事情，教师的角色是带着学生读，引导学生理解，而不是替代学生完成阅读过程。这里边有教育理念的问题，更需要教育的机智。你看，教师让学生带表情、带情感地表达文本内容，给了孩子们充分的表现机会。每一个孩子所强调的重点不同，读出来的重音不同，说明他们的理解、体验都是不同的，多么生动可爱！这就是品味文本，把握细节。小学生的学习不能仅仅局限在文字的学习中，而是引导学生在品读文字，抒发情感的基础上，发散想象，观察细节，这正是对语文学习和系统学习的一种潜移默化的方法的培养。

教育是由一个又一个细节组成，每一个细节仿佛是相互连接的锁链，一

① 杨晖．让课堂换发生命的色彩：教学案例及反思．宁夏教育，2005(6)

旦一环断裂，可能整体就功亏一篑，或只能事倍功半。在教学中，往往细节决定了一堂课。一个细节影响一个人，一个又一个细节就会感染一群人。当智慧的细节传递给学生时，就会产生更细微的生命触动，发生生命智慧的吸收和转化。因此，优秀教师在教育的境遇中运用教育机智，关乎处理好教育的细节，使学生获得更多收益。

三、做一个智慧型教师

(一)智慧型教师的品质

1. 生命感

生命感是对包括自己在内的生命体的存在状态具有较高的敏感性，并能及时准确地领悟。不同生命的生存处境，在生命体之间的关系世界中，又具有生命“共生—共在”“独立—依赖”“独特—多样”“互惠共生”“和谐发展”等生态意识，不同个体的生命感，具有一定的差异。具有生命感之人在思维观念、价值追求、言行方式等方面，主要具有如下的表现：有资格和能力与他人分享；保持开放，善于汲取能量；真正能与他人建立“人—人”关系；有着积极向上、乐观、开朗、豁达的人生态度与追求；对人、对事尽心。①

2. 积极、乐观

拥有美好心境是教师的生命智慧在其内心的显现，在智慧型教师身上很容易看到这一点，无论遇到什么事情，他们都会积极、乐观地行动。例如，遇到事情积极想办法，不埋怨、不抱怨、不退缩、不拘泥于框子，不等不靠。②

3. 好学

好学，是许多优秀教师的共同特点。他们在回顾自己的成长历程时无不涉及这一点。吴正宪曾谈道：“经过多年的教改实践，我有一个十分深刻的体会，在教学工作中人人都会产生点点滴滴的体会，或深刻，或肤浅。如果放松，则稍纵即逝；如果稍稍留心，把它记下来，哪怕是肤浅的感悟或缺乏理性的直觉思维，都会带来日后冷静的思考。点点滴滴，可以积少成多，厚积薄发，请拿起手中的笔，善于思考，勤于动笔，做个教学的有心人。”由此可见，成为教学的有心人，成为具有生命智慧的教师，好学者以品质，似乎必不可少！

---

① 刘慧．生命德育论．北京：人民教育出版社，2005：132～136

② 刘慧．陶养生命智慧．北京：教育科学出版社，2008：235～236

4. 创新和超越

智慧型教师的品质中必然有创新和超越的存在。创新是教师智慧的集中体现，它是教师的追求，一个具有职业诉求的教师在创新上一定是具有不竭原动力的。智慧型教师追求创新是从自身开始的，对自身能力的提升，如何应对信息化时代变化万千的社会，如何让自己具有更具竞争力的能力，不仅仅是教师，智慧生命都具有这个在物竞天择中不断奋进的斗志。落实到具体的教育教学中，就包括教师个体对专业知识的不断学习，对教师真理的不断探寻，对教学方法的不断进取，这都是教师在教育中的创新。当不断创新源源不断地积累之后，就会出现超越，这个超越可能是巨大的质变，是一个教师个人职业生涯的高峰，同时这个超越也可能是不可见的，既在教师生命中内化，又外显为学生成长的绵绵细雨。

（二）智慧型教师的教育观

1. 以学为本

当代的教育正在回归“有学生”的教育，这并不是说在过去的教室里没有了学生，而是在过去一段时间里，尤其是在以考试为指挥棒的错误理解下，教室里的学生已经不是学习者，他们是知识学习的机器，反复地重复着系统的知识，老师们也仅仅照本宣科，将自己的视野聚焦在考试的分数上，一时间优秀率、及格率、状元等词汇充斥着教育，早已找不到孩子的踪影了。智慧型教师恰恰是在任何时候都将学生放在首位，从学生的实际需要出发，建立学生学习的正确观念，不仅仅是为了应试，而是为了成为完人。关注学生的学习活动，将教学过程由教师单向的讲述，变为真正双向的互动和学生的主动学习。也只有这样的学习，才会出现有效的教学。

2. 一切为了学生的发展

关注个体生命的发展是当代教育对学生生命个体的回归，它走出了对集体教育的狭隘理解，走出了教学主体认识不清的现状，真正回到了个体生命之人。因为学生是学习活动的主体，尽管当代对教学主体的讨论一直存在纷争，不论是学生主体还是双主体，或是强调主体间的教学理念，都应该看到学生主体地位的确立，而智慧型教师恰恰能够很好地关注学生的发展。这种发展绝不仅仅局限在当下的成绩提高，而是综合素质的发展。既关注当下又放眼未来，既关注成绩又注重能力，既培养智力又着眼情意。总之是将学生看成一个多方面发展的完人。智慧型的教师将学生的发展作为最终的追求，既不以偏概全也不因小失大，在这样的教学观指导下，教学才会真正有效。

3. 学会赏识

赏识是一种爱，一种爱自己和爱别人的方法。智慧的教师将赏识内化到自己的血液中，用赏识来爱学生、爱自己、爱教育、爱生命、爱生活。赏识学生——看到学生点滴进步，看到未来学生的发展，都是教师欢欣鼓舞的时刻。当这种赏识化作教师日常的行为时，就是一种智慧教育观念的实践。赏识自己则是对自我的关爱，爱别人容易，似乎爱自己更难，这种爱是对自己的认可、对自己的鼓励和对自己的要求与鞭策。一个优质的教师，如果只会赏识学生，那一定不是全面的赏识，只有懂得赏识自己的人，才会用一颗同理心去赏识学生。赏识学生、赏识自己的老师怎么会不赏识教育、不赏识生命、不赏识生活呢。一个能在生活中、生命中发现美好的人，也一定是具有生命智慧的。

(三)教师生命智慧的陶养

1. 遵循“生命之道”，“邀请”生命“共舞”

“生命之道”既是个体的生命法则，也是教育生命的不变规律，更是生活中的永恒定律。每个生命都有自己的轨迹，生命智慧的陶养就是去“邀请”那些智慧生命与自己“共舞一曲”。只有见到生命，只有生命与生命的碰撞，才是陶养生命智慧的开始。但前提是一定要尊重生命，就像对待生命最初样态那样，去涵养生命，珍视生命，培育生命。

2. 开阔视野，拓展经验

生命智慧的陶养并不是闭门造车，更不是天马行空的浪漫幻想。生命智慧的陶养是走出去，请进来。要走向大千世界，走向经验的前辈，走向身边的儿童，走向陌生人，走向生活。这样才能发现生命中每一个绚烂的火花，那里就藏着智慧的光芒。而这些智慧在实践中又会发生不可思议的化学反应，那是经验的迸发，只有学习和思考，才能带来观念的转变，而行动则是世界在改变，在行动中拓宽世界的边界，在行动中能与巨人同行，在行动中会有不断地优化，因为做就是得到。

3. 感受生命，对话生命

真正的生命智慧是作用于生命的，是在与不同的生命“共舞”中得到涵养。不论向生命学习还是给予生命，都是生命的馈赠，在与生命的对话中，了解生命，这就是带给生命的智慧。教师更要与儿童生命对话，只有那样才能真正走进儿童生命，成就儿童生命，发挥生命智慧的最大意义。

后　记

《小学课堂有效教学》一书，经过全体编写人员的共同努力，终于付梓了。内心略感安慰，但更为真切地感受是本书还有很大的探索、完善空间。

本书是写给小学教师的，是立足于小学课堂教学，从促进儿童生命成长的角度，展开小学课堂有效教学的理论与实践阐释。这是本书的一大特点，也是我们对有效教学实质的理解。促进儿童生命成长是本书的核心理念，统领整本书，贯彻始终。这是从学生为本、学习为主、教服务于学的角度来认识与理解课堂有效教学，是转变机械论的教育观为生命论的教育观的体现。我们期待它能帮助教师克服“知识本位”的教学观，矫正长期形成的不利于有效教学的惯性。本书的另一大特点是注重提供课堂教学案例，通过相应的教学案例使教学理论与实践结合，为教师能够顺利开展课堂有效教学，提供坚实的理论基础、有力的实践经验支持。

本书编写提纲及各章主要思想观点，由刘慧教授组织编写者集体研讨制订与确定，唐斌负责组织写作过程，全书由刘慧教授、唐斌副教授、夏鹏翔副教授统稿。书稿写作的具体分工如下：

第一章：刘慧（首都师范大学初等教育学院教授，博士），曲悦（北京市第二中学亦庄学校教师，硕士）；

第二章：胡凤娟（首都师范大学初等教育学院教师，博士），王佳艺（北京市芳草地小学教师，硕士）；

第三章：唐斌（首都师范大学初等教育学院副教授，博士），孙恩渠（北京农业科学院附属小学教师，硕士），何斌（首都师范大学初等教育学院硕士研究生），李宁（清华大学附属小学教师，硕士）；

第四章：夏鹏翔（首都师范大学初等教育学院副教授，博士），范颖杰（北京航天航空大学附属小学教师，硕士)；

第五章：欧群慧(首都师范大学初等教育学院副教授，博士)，王雪(首都师范大学初等教育学院硕士研究生)；

第六章：刘慧(首都师范大学初等教育学院教授，博士)，王峰(清华大学附属小学教师，硕士)。

本书在写作过程中，还得到了吕尚兰(硕士)，高蓉(首都师范大学初等教育学院硕士研究生)，黄萤雪(香港汉基国际学校教师，硕士)等的帮助，他们为本书提供教学案例，查阅有关文献等。

非常感谢丛书总主编赵亚夫教授的邀请与信任，将这本书的编写任务交给了我们；感谢北京师范大学出版社李志编辑的指导。

本书写作时间很紧，但又想写出我们想写出来的内容，故无论在体例框架上，还是在具体写作观点与表达上，都还不够成熟，存在一定的不足之处，恳请读者批评，期待同仁指正。

在书稿写作过程中，我们参考了大量的文献和小学一线的教育教学案例，绝大部分已经注明出处，可能还存在一些疏漏，有些资料引用未能注明出处，在此表示深深的感谢与歉意，期待作者谅解。

刘　慧

于西钓鱼台嘉园

2015 年 2 月 28 日